刘作奎 ◎ 著

中国—中东欧国家合作

机制、政策实践与理论研究

中国社会科学出版社

图书在版编目（CIP）数据

中国—中东欧国家合作：机制、政策实践与理论研究 / 刘作奎著. -- 北京：中国社会科学出版社，2025.4. -- ISBN 978-7-5227-4737-8

Ⅰ. D822.351

中国国家版本馆 CIP 数据核字第 2025V6Y913 号

出 版 人	赵剑英
责任编辑	喻　苗
责任校对	胡新芳
责任印制	李寡寡

出　　版	中国社会科学出版社
社　　址	北京鼓楼西大街甲 158 号
邮　　编	100720
网　　址	http://www.csspw.cn
发 行 部	010-84083685
门 市 部	010-84029450
经　　销	新华书店及其他书店

印刷装订	北京君升印刷有限公司
版　　次	2025 年 4 月第 1 版
印　　次	2025 年 4 月第 1 次印刷

开　　本	880×1230　1/32
印　　张	8.5
字　　数	139 千字
定　　价	78.00 元

凡购买中国社会科学出版社图书，如有质量问题请与本社营销中心联系调换
电话：010-84083683
版权所有　侵权必究

前　言

自2012年中国—中东欧国家合作机制成立以来，笔者投入较多精力进行跟踪研究，希望能形成一份好的科研成果。随着研究的深入，我认为，要完成一部能够获得国内和国际同行相对肯定的评价、具有一定学术和理论深度的相关作品挑战很大。中国—中东欧国家合作作为一个跨区域合作框架，有其自身的复杂性以及来自国内外各界的多元看法，要想以一种合理科学的思路切入并做出透彻的分析，并不是一件容易的事情。

就合作本身来说，十多年来萦绕不去的争论是中国推动中国—中东欧国家合作的动机是什么？不同的人有不同的答案，但大致来说推动"一带一路"建设和中欧关系全面、均衡发展是基本共识。西方学界和智库界也积极评价中国—中东欧国家合作所取得的成果，肯定合作所取得的进步。但不容忽视的是，消极评价、唱衰甚至否定合作的大有人在。概而言之，大致有两派看法：一派认为，中国—中东欧国家合作具有很强的政治动机，典型的例子是德国前外长希格玛·加布里埃尔的评论，他认为中国—中东欧国家合作是中国"分而治之"欧盟的新举措。也有欧洲智库认为它是中国通过投射经济影响力来扩大在欧洲政治影响力和话语影响力的举措，合作具有很强的向欧洲输出中国模式的动机。因此，这一派观点充满了地缘政治思维，对中国的一举一动抱有敌视态度，由此杜撰出一整套对中国—中东欧国家合作"唱衰式"话语体系：首先是否定中国过去十多年陆续取得的系列成果，把成果落地不均、一些国家成果偏少视为务实合作的主要问题或问题的主要方面，混淆视听；其次是指责中国的落地成果缺乏互惠，贸易逆差严重，存在不符合欧盟标准等情况，将这些问题视作主流或主体，以偏概全；最后是夸大合作面临的困难，突出意识形态对双方合作的影响，将合作"泛安全化"和"地缘政治化"，进而看衰务实合作的机遇和潜力，悬断是非。另一派则认为中国—中东欧国家合作奉行的是交易主义（Transactionalism）。它积极的方面是去地缘政治化，消极的方面是这种方式依赖双边而不是多边主义，比较注重短期收益，不太讲究规则等。上述观点从西方思维出发，努力构筑一个中国式夏洛克商人形象。概而言之，就是不讲规则的重商主义者。这一派观点强调了中国和中东欧国家合作的务实性，但把中国视为一个"经济动物"，不讲情谊、没有原则、忽视道义，这也明显不符合实际情况。某种程度上，这也是中西文化交流存在问题的具体投射，欧洲人难以摆脱以西式的棱镜来看中国的习惯，中国人民的包容共享、遵德守信的传统被他们忽视，这就需要我们积极摆事实、讲道理，萃取真相，得出大家都信服的结论。

从文化传统看，中国十分重视交往互动的重要性，以此平衡复杂多样的利益诉求。中国人普遍认同"执两用中"的中庸之道，以恰当、适度、不极端、留有余地的"平衡""协调""兼顾"方式来解决具体问题。在具体实践上，既要有大是大非观，不能一味"和稀泥"、不讲原则，又要学会妥协、进行必要的利益让渡，避免赢者利益通吃或者输者利益尽失的情形出现，以实现利益结构整体上的相对均衡。具体到中国—中东欧国家合作来说，中国既立足于推行务实合作来寻求中欧合作的新增长点，坚持互利互惠、互利共赢，同时也不避讳在合作出现的利益甚至原则分歧，愿意坦诚相待，解决彼此认知差异和矛盾。

我在中国—中东欧国家合作研究中，一直非常关注合作所反映出的理论意涵，同时也重视理论和实践的互动，积极从合作实践中提炼总结它的理论特性，这种理论提炼就是"双边+多边"理论。它是贯穿全书的基本分析框架，聚焦国别的同时也关注对整个区域的研究，即从双边和多边的角度分析该合作框架并探求双边和多边关系互动的逻辑。这也使得全书的理论框架相对清晰，并最终水到渠成地提炼总结出"双边+多边"理论的特点。本书也试图澄清一个基本的问题，中国开展的多个区域合作倡议是在积极推动多边主义，这个答案是不完全的，在某种程度上也是不准确的，因为没有了对双边关系的关注，多边主义很多时候是不完整和脆弱的，也不能说是一种全过程、高质量的多边主义，这是中国思考多边主义的一个重

◆ 前 言 ◆

要方式和传统。其实,从国内如火如荼地开展区域国别学研究来说,也不应该忘记这个传统,任何一个国家的存在,都离不开赖以生存的地理区域,任何一个区域均由国家组成,这就是问题的"一体两面",对国家的研究不应完全脱离其区域,而对区域的研究更不能脱离对国家的深入研究,探寻国家和区域的互动关系是区域国别学研究需要关注的。张蕴岭教授在其主编的《国际区域学概论》中优先考虑从区域角度开展研究,尽管他也认为区域与国别是相互联系和相互作用的,但强调以国际区域为研究指向,对于国别和区域关系则持开放态度,认为两者既保留一定的独立性,也相互影响。[①] 事实上,我认为探寻两者的互动关系更有助于发现区域国别学的内在逻辑,把国别和区域变成相对孤立的单元来开展研究,难以构筑相对清晰和严谨的研究框架。以上述思维,对中国—中东欧国家合作进行研究是科学认识区域国别学学科规律的积极有益探索。

此外,需要强调的是,中国—中东欧国家合作能

---

① 张蕴岭主编:《国际区域学概论》,山东大学出版社2022年版,总序。

走到今天，无论在何种层面、哪个领域都确实克服了很多困难，非常不易，更要看到它的价值。就我个人来说，从组织中国—中东欧国家领导人峰会的智库配套活动以及参与中国—中东欧国家地方合作的实践中，我看到中央和地方对外交往中的一些基本路径以及面临的挑战，从中国—中东欧国家合作的智库协调机制——中国—中东欧国家智库交流与合作网络的实际组织工作中，我也深刻认识到智库工作的复杂性和艰巨性，以及做好智库工作的重要性。2022年4月，在新冠疫情仍在肆虐的情况下，我根据国家工作需要，带领智库、企业和高校代表团访问中东欧八国（捷克、斯洛伐克、匈牙利、斯洛文尼亚、克罗地亚、爱沙尼亚、拉脱维亚、波兰），这也是疫情下中国第一个以智库为主的综合性代表团访问中东欧。为巩固访问成果，2022年9月，我又带领智库代表团访问欧洲七国（捷克、斯洛伐克、匈牙利、保加利亚、罗马尼亚、希腊、北马其顿），获得很多宝贵的发现，更认识到中国—中东欧国家合作对中国外交的重要性。它不仅是一个合作平台，也是中国外交创新的集中体现，更是大国博弈中中国国家利益的一道防波堤，经受了各种挑战的

前　言

冲击，也显示出迎难而上永不言弃的韧性。

毋庸讳言，对于一个正在进行的合作机制研究，不同的人基于不同的立场，肯定有不同的看法，形成不同的结论，但较为遗憾的是，中国—中东欧国家合作在发展中面临的智力支撑一直存在赤字，体现在学术研究中，部分成果并不令人满意，主要有下列两个方面：一是对合作进程本身不了解，因此研究中想当然的成分居多，一些基本判断与事实出入很大；二是跟踪性研究偏多，积累不够，导致深度思考的成果产出较少。对区域国别研究学科建设来说，提供一种规律性的分析而不是现象学的分析非常重要，这对于该学科的发展具有指引作用。因此，我认为学界缺乏一本客观的和有一定理论提炼的中国—中东欧国家合作研究成果并为此积极做出努力，尽管这种努力还是初步的，也存在不少问题。我一直以英国学者爱德华·卡尔的成果作为虽难以企及但一直参仿的对象，他的《二十年危机 1919—1939：国际关系研究导论》影响了人们对国际关系本质的认知。[①]

[①] ［英］E. H. 卡尔：《二十年危机 1919—1939：国际关系研究导论》，秦亚青译，商务印书馆 2021 年版。

2017年，正值中国—中东欧国家合作的黄金时期，在时任中国社会科学院欧洲研究所所长黄平的指导和资助下，我组织欧洲研究所中东欧研究室团队完成了《中国—中东欧（16+1）国家合作五年成就报告：2012—2017年》（中英文版），由社会科学文献出版社出版，产生了一定的反响。[①] 随后几年，我又持续做了跟踪研究，尤其是对中国—中东欧国家合作的分期研究（启动期、黄金期、深水期）、"双边+多边"理论以及欧洲政治生态的"中东欧化"等都是这个议题研究的原创性发现，也获得学界一定的关注。[②] 2020年，我在外交部的指导和资助下，主持了对中国—中东欧国家合作的另一本成果《中国—中东欧国家合作进展与评估报告（2012—2020）》（中英文版）的撰写，[③]

[①] 黄平、刘作奎等：《中国—中东欧（16+1）国家合作五年成就报告：2012—2017年》，社会科学文献出版社2018年版。

[②] 刘作奎：《中国—中东欧国家合作的发展历程和前景》，《当代世界》2020年第4期；刘作奎：《"双边+多边"理论：对中国—中东欧国家合作的新探索》，《中共中央党校（国家行政学院）学报》2022年第2期。刘作奎：《俄乌冲突下欧洲政治生态的"中东欧化"及前景》，载刘作奎主编《俄乌冲突对欧洲影响研究》，中国社会科学出版社2023年版。

[③] 吴白乙、霍玉珍、刘作奎主编：《中国—中东欧国家合作进展与评估报告（2012—2020）》（中文版），中国社会科学出版社2020年版，英文版于2021年出版。

◆ 前　言 ◆

历时两年，十数次改稿，修改过程使我收获甚大，也了解到决策者对中国—中东欧国家合作的思考以及中国外交对和平和发展追求的初心。上述成果的出版为笔者从学理和实践上认识中国—中东欧国家合作做了很好的积淀。

要写成这样一本书非常不容易，从2021年初策划到现在，延续了四年时间，主要是中国—中东欧国家合作变动不居，时常被各种因素干扰，中美经贸摩擦、新冠疫情、俄乌冲突接踵而来，使得中国—中东欧国家合作成为被冲击较为严重的平台之一。在各种不利因素叠加影响下，先是立陶宛2021年5月宣布退出，然后是爱沙尼亚和拉脱维亚在2022年8月宣布退出，这一系列事件对合作造成影响，人们也开始思考它的前途问题。其实，2022年4月笔者率中国智库、企业和高校代表团访问调研中东欧八国时，已经感受到新冠疫情和俄乌冲突对合作造成的冲击。在欧洲地缘政治因素被不断强化的背景下，中国—中东欧国家合作的前景如何，如何走好下一步确实需要有更科学的判断和更好的创新性思路。

在研究过程中，我非常关注企业家群体，也利用访学间隙多次走访调研企业在中东欧国家的投资项目，获得很多研究体会，并且在我的系列研究成果《欧洲与"一带一路"倡议：回应与风险》（中英文版）（2015、2017、2019）[①]中有所体现。

最后，我十分感谢中国—中东欧国家合作，因为这个合作机制提升了中东欧国家在中国外交中的作用和能见度，也给了中国和中东欧国家学者相互之间更多的学习交流机会，我也有了更多访问中东欧国家的机会，结交了非常多的朋友，同时也有了与决策者充分交流和互动的机会，形成了不少政策分析体会。当然，通过中国—中东欧国家合作，我也认识了很多中国和中东欧国家地方政府的官员，部分认识到地方治理的思路，如何配合中国大外交，这些都对我的学术研究工作非常有帮助。因为中国—中东欧国家合作告诉了我很多道理，让我学会了很多东西，因此，我要把它记录下来，分析出来，呈现给读者，算是我多年参与其中所要提交的一份作业。这部成果既蕴含了我的学术思考，又是一本随想录，撰写过程中我尽量做

---

① 本系列研究成果，均以中英双语体现，分别于 2016 年、2017 年和 2019 年在中国社会科学出版社出版了中文版和英文版，共六种。

到行文通俗易懂,语言平实自然,笔触直抒胸臆。书中观点和方法难免有不足之处,敬请各位专家学者多多指正。

目　录

第一章　中国—中东欧国家合作的基本概念与历史演进 …………………（1）
　一　基本概念 …………………………………（1）
　二　历史演进 …………………………………（7）

第二章　机制分析：中国—中东欧国家合作"嵌入式协调"路径 ……………（20）
　一　关于机制的概念分析 ……………………（20）
　二　中国—中东欧国家合作的基本运行框架 …………………………………………（22）
　三　中国—中东欧国家合作嵌入式协调机制分析 …………………………………（35）

四　中国—中东欧国家合作的机制创新………(42)

五　中国—中东欧国家合作机制建设的

　　经验……………………………………(54)

第三章　政策实践分析：中国—中东欧国家合作国别区域视角……………………(61)

一　加强双边合作是基础…………………(62)

二　拉动（次）区域合作是目标…………(91)

三　国别和区域的互动分析………………(119)

第四章　理论分析：中国—中东欧国家合作"双边+多边"模式………………(121)

一　中国—中东欧国家合作的理论基础……(121)

二　实践论…………………………………(123)

三　整体合作外交…………………………(129)

四　区域性公共产品理论…………………(136)

五　务实制度主义理论……………………(140)

六　开放性区域主义理论…………………(142)

七　"双边+多边"理论……………………(147)

第五章　评估分析：中国—中东欧国家合作多维平台 …………………………（161）

一　中国—中东欧国家专业性合作平台建设评估 …………………………………（161）

二　中国—中东欧国家地方合作评估 ………（179）

三　整体评估 …………………………………（203）

第六章　前景分析：中国—中东欧国家合作展望 ……………………………………（205）

一　地缘政治化下的中国—中东欧国家合作 ………………………………………（205）

二　中东欧国家的"退出"问题及前景 ……（215）

三　对中东欧国家属性的分析 ………………（222）

四　中国—中东欧国家合作的未来发展展望 ………………………………………（227）

结语　对区域国别研究的思考 …………………（233）

参考文献 …………………………………………（247）

第一章 中国—中东欧国家合作的基本概念与历史演进

一 基本概念

中国—中东欧国家合作①是根据中国同中东欧国家的共同愿望打造的跨区域合作平台，自2012年启动至今，已经搭建起全方位、多层次、宽领域的立体架构，取得重要成果。中国—中东欧国家合作是中国

---

① 中东欧国家地处欧洲中东部，总面积138万平方公里，由17个国家组成（含2019年加入的国家希腊），波兰、匈牙利、捷克、斯洛伐克、斯洛文尼亚、爱沙尼亚、拉脱维亚、立陶宛、希腊、罗马尼亚、保加利亚、克罗地亚、塞尔维亚、波黑、北马其顿、阿尔巴尼亚、黑山，其中12个国家为欧盟成员国，塞尔维亚、北马其顿、阿尔巴尼亚、黑山、波黑为候选成员国。2021年和2022年波罗的海三国立陶宛、爱沙尼亚和拉脱维亚先后退出，中东欧国家由17个变为14个。

同欧洲合作的重要组成部分和有益补充。就其基本概念来说，可以总结为：中国—中东欧国家合作是采取"双边+多边"模式的跨区域合作框架，以务实合作为基本内容，为推动中欧关系和"一带一路"建设提供支撑。

目前，无论国内还是国际学界对中国—中东欧国家合作的认识均有所不足，合作从初创到成熟再到完善也需要经历一定的发展阶段，不易做出完整而明确的定性。这一合作框架本身是波动型发展的，在中国同西方地缘博弈日益强化的背景下，更不易辨识清楚其具体发展走向。同时，中国—中东欧国家合作作为一种外交创新，也在不断探索新思路、新方法。因此，上述这些因素均增加了把握其核心要义的难度。

从现有发展阶段看，要准确定位和深刻把握中国—中东欧国家合作的概念，需要从三个基本维度来理解，即合作的平台属性、合作的地域特性和合作的具体内容，这三个方面构筑了中国—中东欧国家合作的基本概念。

就平台属性来说，中国—中东欧国家合作是一个"双边＋多边"合作框架。它充分体现了开放式合作的特点。在该合作框架下，双边合作是基础，中国—中东欧国家多边形式的合作是平台，两者相互支持、相互促进。中国—中东欧国家合作为推动双边关系可持续和深入发展提供了重要的抓手和机遇。由于对合作的猜忌和不了解，一些西方智库、决策精英认为中国—中东欧国家合作"挤占"或"掏空"双边关系的合作空间，实际上并没有充分的依据。中国—中东欧国家合作只能给双边合作做加法甚至是乘法，而不是做减法或除法。近年来，在中国—中东欧国家合作推动下，一些双边关系获得长足发展，掀起新的合作热潮，中东欧国家在中国和中东欧地区的存在感和获得感有着程度不一的提升，这种提升反过来又推动中国—中东欧国家合作平台发展壮大。中国外交部长王毅对"双边＋多边"合作平台的特性做了分析："中国和中东欧国家的双边合作和区域合作可以有机结合。中方一直致力于同中东欧国家发展好双边关系，这是根基。双边合作开展得好，可以为区域合作提供更好条件、更佳环境。同时，中国—中东欧国家区域合作可以整合地区资源，发挥规模效应，为双边关系注入新动力，开辟新前景。因此，两者应是彼此促进，不必相互排斥。"①

就地域特性来说，中国—中东欧国家合作是一个跨区域合作框架。跨区域合作主要体现在两个维度：一个维度是中东欧内部和欧洲内部的跨区域，即中东欧是一个多元化的区域，并不是同质化的地理区域，主要包括中欧四国（波兰、匈牙利、捷克、斯洛伐克）、东南欧十国（罗马尼亚、保加利亚、斯洛文尼亚、克罗地亚、塞尔维亚、黑山、波黑、北马其顿、阿尔巴尼亚、希腊）、波罗的海三国（爱沙尼亚、拉脱维亚、立陶宛）。同时，在欧洲内部，如果把欧盟作为一个完整的功能区域，则五个西巴尔干国家（塞尔维亚、黑山、波黑、北马其顿、阿尔巴尼亚）仍未成为成员国，因此，它也是跨区域的。此外，中东欧国家内部还形成了形形色色的次区域合作组织或框架，如维谢格拉德集团、布加勒斯特九国、开放巴尔

---

① 《王毅谈中国—中东欧国家合作——〈三个引擎〉协同发力，何乐而不为》，2021年5月30日，http://www.mfa.gov.cn/web/wjbzhd/t1879677.shtml。

◆ 第一章 中国—中东欧国家合作的基本概念与历史演进 ◆

干等;[①] 另一个维度是中国和中东欧国家的合作也是跨越了区域,一个身处亚洲,一个是欧洲的一部分,中间相隔了多个亚洲、欧亚和欧洲国家。[②] 之所以凸显中国—中东欧国家合作的上述特点,就是要关注中东欧区域国家的差异性,坚持"一国一策",同时推动合作的普惠式发展。但是,也要看到这些跨区域的中东欧国家存在的共性:转型行为体(均经历从计划经济向市场经济的转变,经历"回归欧洲"的进程,并开始了进度不一的民主化、私有化、自由化)、新

[①] 由波兰、匈牙利、捷克和斯洛伐克四国组成的"维谢格拉德集团"历史悠久,是中东欧区域最成熟的次区域合作机制之一,关注议题从经济和基础设施互联互通、文化和公民社会交流,再到外交政策协调等。由匈牙利、捷克、意大利、奥地利、斯洛伐克、波兰、克罗地亚、斯洛文尼亚、波黑、北马其顿、罗马尼亚、保加利亚、阿尔巴尼亚、白俄罗斯、乌克兰、摩尔多瓦、黑山、塞尔维亚等18国组成的中欧国家合作倡议,重点讨论交通基础设施、能源安全、移民和竞争力等议题,还强调支持西巴尔干国家入盟和数字化转型。由波兰、立陶宛和乌克兰组成的"卢布林三角"希望通过波兰和立陶宛支持乌克兰加盟入约,巩固彼此的政治、经济和社会关系。由罗马尼亚、保加利亚、爱沙尼亚、拉脱维亚、立陶宛、波兰、匈牙利、捷克和斯洛伐克发起的"布加勒斯特九国倡议"聚焦安全议题,希望加强北约集体防务能力,以适应新的安全政策环境。由波兰、克罗地亚、保加利亚、罗马尼亚、捷克、匈牙利等12个中东欧国家组成的"三海倡议"的立足点是互联互通合作,尤其是沿中东欧区域的南北轴线开展交通、能源和数字化合作。阿尔巴尼亚、塞尔维亚和北马其顿等西巴尔干国家于2019年签署"开放巴尔干倡议",希望实现相关国家之间人员、货物、服务和资本的自由流动。

[②] 对于跨区域合作概念,欧洲学者也提出了自身的想法,如捷克科学院学者胡北思(Marek Hrubec)认为,中国称中东欧是跨区域的,中东欧一般将其理解为Macroregion或Microregion,即大区域或者小区域。

兴经济体（欧洲内部相对老欧洲而言具有新的经济增长特点的国家）以及新近入盟国家（第四轮和第五轮扩大对象国、成员国或候选国），也有时被称为中小型开放性经济体，这些国家大部分经济规模不大，但均具有开放性特点，也是欧洲经济增长相对较快的国家。① 对于老欧洲来说，中东欧国家均为依附性经济体（经济增长依赖于老欧洲），在地理位置上处于欧洲中东部和东南部，地缘枢纽位置突出。② 上述这些共性为中国推动同其合作提供了重要动力。总之，这些国家对华合作的重点和需求有明显不同，更希望加快基础设施建设，吸引外来资金，扩大对华出口。

就合作内容来说，中国—中东欧国家合作强调的是务实合作。合作主要聚焦经贸和人文，坚持去地缘政治化和去安全化，规避政治和安全领域问题，坚持不介入地区政治和安全事务，不干涉他国内政，一心一意求合作、谋发展。中国在中东欧地区没有任何军

---

① 近些年来，一些中东欧国家学者试图进一步定义该区域国家的身份和发展特点，并对其做了新的界定，如 Dihomir Domazet, *New Growth Theory: Specially by Small and Open Economies*, Manuscript, April, 2019。
② 2019 年希腊加入中国—中东欧国家合作后，合作队伍进一步壮大，希腊的加入在区域范围上并没有扩展，因为希腊本身是东南欧的一部分，但在成员国身份属性的很多方面与中东欧其他国家不同。

事存在，没有参与地缘政治博弈的意愿，也无意主导该地区的政治议程。与此同时，中国—中东欧国家合作遵守市场原则和欧盟标准，参与方采取协商一致原则，合作的成果惠及各方，坚持同中东欧国家的合作是中欧关系的重要组成部分和有益补充。

2018年12月，中国政府发布了对欧盟政策文件，这也是中欧建交以来发布的第三份对欧政策文件（前两份文件分别发表于2003年和2014年）。文件特别指出："中国—中东欧国家合作是基于中国和地区国家的共同利益和实际需要开展的互利多赢、开放透明的跨区域合作，欢迎欧盟等其他方面支持和建设性参与。"①

二 历史演进

中国—中东欧国家合作经历了曲折的发展历程②，双方有过友好交往的历史和基础，同时，双方关系也

---

① 《中国对欧盟政策文件》，2018年12月18日，http://www.gov.cn/guowuyuan/2018-12/content_ 5349904.htm。
② 如非特别说明，本书提到的中国—中东欧国家合作专指2012年成立的合作机制。但中国和（中）东欧国家的友好合作关系一直存在，1949年新中国成立后，这种关系已经确立，中东欧地区和部分国家的名称也几经变化，这里不做特别说明。

深受大国关系和地缘政治变动的影响,呈现出复杂的发展图景。

(一) 从受苏联影响时期到受西方影响时期

1949年中华人民共和国成立后,苏联和东欧国家纷纷承认中国,中国和东欧国家[①]关系在冷战的特殊历史背景下发展起来,双方以相同的意识形态和社会制度为基础,共同面对以美国为首的西方阵营。中苏关系在某种程度上影响着中国和东欧国家合作的基本内容和方向。从中华人民共和国成立到东欧剧变(1949—1989)这40年的大部分时间里,中苏关系在不同历史阶段影响着中国和东欧国家关系的发展。这期间经历了中苏关系恶化、中美建交等历史性事件,

---

① 中东欧是个地理名词,在不同历史时期具有不同的含义,且称呼有所不同,有时叫东欧,有时也叫中东欧,需要根据具体情况进行具体界定。第二次世界大战结束后的东欧,更具有地缘政治色彩,主要包括中欧东部的捷克斯洛伐克、匈牙利、波兰,东南欧的南斯拉夫、阿尔巴尼亚、保加利亚、罗马尼亚,以及1949年诞生的民主德国。20世纪80年代末90年代初,东欧国家发生剧变纷纷脱离苏联阵营并开始回归欧洲。此时,中东欧开始成为被广泛接受的概念。这一时期,中东欧国家数量有所变化,民主德国与原属西欧阵营的联邦德国合并,捷克斯洛伐克分裂为捷克和斯洛伐克,南斯拉夫陆续分裂为不同的国家如斯洛文尼亚、克罗地亚、波黑、北马其顿、塞尔维亚、黑山,而匈牙利、波兰、阿尔巴尼亚、保加利亚和罗马尼亚则维持了原状。

中国和东欧国家关系因中苏关系的影响而出现反复，某种程度上也存在多元化的发展走向。从1949年到20世纪60年代初，在良好的中苏关系保驾护航下，中国和东欧国家政治、经贸和人文往来密切。伴随着中苏关系紧张，尤其是到1969年双边关系降到冰点，中国和部分东欧国家关系也受到中苏关系影响出现明显下降态势。此后，中国改革开放、中美建交等一系列重大事件的发生，东欧国家也进行了摆脱苏联体制的改革和尝试，中国与东欧关系和合作体现出更多的自主性，双方相互学习和借鉴增强。从20世纪80年代中期，中苏关系开始回暖，受外部大环境影响，中国和部分东欧国家合作也逐渐升温。

东欧剧变后，中国和中东欧国家走上各自的发展道路，双方在较长一段时间内基本以经贸合作为基础，有了正常并日渐活跃的政治交往。中东欧国家开始"回归欧洲"进程①，纷纷"入（北）约加（欧）盟""一心朝向西方"。在面向西方的民主化、私有化和自由化的转型过程中，安全利益和经济利益使得

---

① 前南国家则陷入民族冲突和战争，但也追寻相同的"回归欧洲"之路。

中东欧国家发展出与美国和欧盟新的依附性关系。同时，中国则在20世纪70年代末80年代初开启了改革开放进程，积极引进西方资本和技术，学习西方发展经验。中国和中东欧国家进入虽有友好交往但相互忽视的15年（1989—2004）。但2004年开始，随着中国和欧盟合作呈现出持续的发展动力，进入高速发展期和"蜜月期"，刚刚加入欧盟的多个中东欧国家也开始纳入中国的合作视野①，中国和中东欧国家关系逐渐成为中欧关系新的增长点。

（二）从"正常交往"到"日益吸引"时期

中国—中东欧国家合作是中欧关系的组成部分，但双方寻求合作的进程是自发和自愿的，合作的动力是互有所需和互相吸引。从2008年开始，席卷全球的经济危机改变了国际形势，"东升西降"的趋势明显，中国和中东欧国家合作也自然进入新的历史方位之中，即双方从冷战结束以来的相互忽视进入相互关注阶段。中国经济持续、高速发展和日益深度融入全

---

① 中国现代国际关系研究所中东欧课题组：《中国对中东欧国家政策研究报告》，《现代国际关系》2003年第11期。

球化，长期为全球经济发展带来了约三分之一的贡献率，吸引了中东欧国家的关注。

中东欧国家加入欧盟后，尽管欧盟内部发展面临经济和社会趋同的挑战，但这些国家的经济增长速度和潜力令人瞩目，多个国家经济增速好于老欧洲，它们作为新欧洲在加入欧盟后，随着对欧盟事务的熟悉和参与的加深，其政治和外交话语权也在增长，希望获得新的发展机会。鉴于中国和中东欧国家有传统友好的历史，着眼于中欧关系深入发展和发掘双方的合作潜力，中国积极推动同中东欧国家的合作关系。"冷战"结束后前十年是中国与中东欧国家"重新认识和再接触的十年"，双方以相互尊重为基础，逐渐理顺国家间关系。1994年，李鹏总理访问罗马尼亚时提出推动中国对中东欧国家关系基本政策，尊重各自的发展道路选择，珍视传统友谊，推动共同发展。1995年，江泽民主席访问匈牙利时重申了上述合作原则（"布达佩斯原则"），第一是尊重中东欧国家人民的制度选择；第二是希望在和平共处五项原则基础上发展同中东欧国家关系；第三是中国和中东欧国家之间没有根本的利害冲突，双方的合作遵守双边原则；第四是支持中东欧国家和平解决纠纷，以及提升地区合作的努力。① 2004 年，胡锦涛主席访问罗马尼亚，提出了"布加勒斯特原则"，强调中国同中东欧国家合作与互信的重要性，拓宽了合作交流的领域、层次，主要内容包括：第一是增进政治互信，扩大共识，相互照顾和支持对方的重大政治关切；第二是拓展经贸合作，提高经济合作中的投资和技术含量，使中东欧与中国成为稳定的经贸合作伙伴；第三是扩大文化交流，丰富合作内涵；第四是加强国际合作，共同应对挑战。在反对恐怖主义、防扩散、打击跨国犯罪和发挥联合国作用等问题上加强战略对话和合作。②

此后，大部分中东欧国家在欧债危机尤其是欧盟内部经历动荡、一体化遭遇挫折以及"多速欧洲"隐现后，对中国的合作诉求迅速增长，逐渐看好中国的发展机遇，波兰、匈牙利等国纷纷出台

---

① 转引自朱晓中、徐刚《1949 年以来的中国与（中）东欧关系》，载北京大学国际战略研究院编《中国国际战略评论 2019（上）》，世界知识出版社 2019 年版，第 11 页。

② 转引自朱晓中、徐刚《1949 年以来的中国与（中）东欧关系》，载北京大学国际战略研究院编《中国国际战略评论 2019（上）》，世界知识出版社 2019 年版，第 12—13 页。

◆ 第一章 中国—中东欧国家合作的基本概念与历史演进 ◆

"向东看"战略,充分发掘来自东方市场尤其是中国市场的机遇。

中国之所以抓住机遇积极发展同中东欧国家关系,也是着眼于在新的历史方位下如何深入和扩大国际合作,尤其是全球日益盛行的保护主义、逆全球化以及日益多元发展的区域主义化,与作为拥抱全球化和开放主义的中国的发展利益产生冲突,中国如何经略好周边和欧亚大陆的区域间合作就成为一个重要的命题。

沿着欧亚大陆,中国遇到了各种形式的区域主义组织——东盟、欧亚经济联盟、欧盟等,同这些区域主义集团打交道,中国需要有一整套思路和方案。在中国不可能以成员国身份加入这些区域组织的背景下,中国寻求最大限度融入和分享不同区域组织合作进程和成果的思路和方案,中国—中东欧国家合作某种程度上代表了这种尝试,即奉行开放性区域主义,它是一种全新的区域主义合作思路。[1]

---

[1] 开放性区域主义(Open Regionalism)最初由弗莱德·伯格斯滕(Fred Bergsten)于1997年提出,详见 Fred Bergsten, "Open Regionalism", *The World Economy*, 20, August, 1997。

即在不触动欧盟整体利益的情况下，差异化发展同欧盟内部不同区域和不同行为体的合作关系，寻求一种更平衡、更多元、更尊重欧盟具体盟情的合作关系。适逢欧债危机，老欧洲无暇顾及新欧洲，而新欧洲日益寻求对外合作机遇的情况下，中国抓住了欧盟内宝贵的窗口期，2011年中国同中东欧国家开启了经贸领域的合作，并进一步催生了同中东欧国家的机制化合作，这也是中国—中东欧国家合作框架出台的基本背景。①

（三）从快速发展到高质量发展时期

2012年中国—中东欧国家合作机制确立后，双方合作进入快速发展阶段，迎来新的发展机遇。中国和中东欧国家贸易在2020年突破千亿美元，达到1034.5亿美元，高于同期中国对外贸易增幅和中欧贸易增幅。② 2021年双边贸易额达到1335.5亿美元，

---

① 刘作奎：《新形势下中国对中东欧国家投资问题分析》，《国际问题研究》2013年第1期。
② 商务部召开例行新闻发布会，2021年2月4日，http://www.mofcom.gov.cn/xwfbh/20210204.shtml。2019年希腊加入中国—中东欧国家合作，因此，2020年的统计数据也加上了希腊共17国数据。

同比增长29.1%。① 中国对中东欧国家投资也出现明显增长，截至2021年，中国累计对中东欧国家投资存量达到41.3亿美元，中国在中东欧国家累计工程承包额达到397.9亿美元，中国在中东欧国家累计工程承包营业额达到210.5亿美元。② 匈塞铁路、黑山南北高速公路、克罗地亚佩列沙茨大桥、塞尔维亚E763高速公路等均取得成果。

尤其值得关注的是，中欧陆海快线建设在中东欧地区稳步推进。希腊加入中国—中东欧国家合作后，比雷埃夫斯港在中欧陆海快线中的节点作用更加凸显，随着匈塞铁路建设项目进一步推动，希腊、西巴尔干国家、中欧之间的互联互通得到进一步推进。中欧班列对推动陆上互联互通发挥重要作用。2011年，中欧班列全年开行量仅17列，此后，班列数量逐年持续增长，至2016年首次突破千列，2020年首次突破万列。（见表1-1）截至2021年，中欧班列已通达欧洲24个国家190多个城市，包括8个中东欧国

---

① 中国—中东欧国家合作秘书处：《中国—中东欧国家合作十年》，2022年12月，第25页。

② 中国—中东欧国家合作秘书处：《中国—中东欧国家合作十年》，2022年12月，第26页。

家。截至2022年7月底，中欧班列在中东欧国家累计开行13709列，占中欧班列开行总量的24%。在新冠疫情延宕、国际能源价格高企形势下，中欧班列有序运行，成为防疫物资运输的"生命通道"和畅通经济血脉的"命运纽带"。① 总体上，双方在互联互通、经贸金融、绿色环保、农业合作、人文交流等方面均取得积极务实的合作成果。

表1-1　　中欧班列开行列数及增长率②

时间	2011	2012	2013	2014	2015	2016	2017	2018	2019	2020	2021
数量	17	42	80	308	815	1702	3673	6300	8225	12400	15183
增长率（%）	0	147	90	285	165	109	116	72	31	51	22

以2021年2月中国—中东欧国家领导人峰会召开为契机，中国—中东欧国家合作进入高质量发展阶段，因应国际形势和国际格局的深刻变化，努力调整思路和方法，推动高质量发展和合作的行稳致远。

---

① 中国—中东欧国家合作秘书处：《中国—中东欧国家合作十年》，2022年12月，第4页。
② 《中欧班列10年：发行列数首次破万》，https://baijiahao.baidu.com/s?id=1695205317486194316&wfr=spider&for=pc，2021年数据根据网络查询整理。

◆ 第一章 中国—中东欧国家合作的基本概念与历史演进 ◆

首先是深挖卫生领域合作潜力。史无前例的疫情打乱了中国和中东欧国家的合作时间表，但危机意味着"危险中蕴含着机遇"，中国努力携手中东欧国家化危为机。中国率先走出疫情危机，复工复产推动经济复苏，并在中东欧国家陷入疫情的情况下，紧急提供了口罩等大量防护用品，派遣了医疗队赴欧，解决中东欧国家燃眉之急。中国积极向中东欧国家提供疫苗，助力中东欧国家彻底走出危机，共同打造人类健康命运共同体。在坚持"人民至上、生命至上"的抗疫原则基础上，2022年底中国优化抗疫政策，加速同中东欧国家在疫情后的合作，确保中欧生产链、价值链、供应链稳定。

其次是推动绿色和环保合作。中国和中东欧国家在推进绿色合作上拥有较大潜力。中国坚持"绿水青山就是金山银山"的生态发展理念，欧盟则出台了"绿色新政"，将绿色发展定为核心战略。2021年是"中国—中东欧国家合作绿色发展和环境保护年"，以此为契机，双方积极探索绿色合作契机。希腊色雷斯风电项目、匈牙利考波什堡光伏电站、克罗地亚塞尼风电站、黑山莫茹拉风电站、波黑乌洛格水电站、波黑伊沃维克风电站等竣工和在建项目为所在国绿色供电和节能减排做出贡献,也是双方绿色合作取得丰硕成果的体现。① 中国和中东欧国家坚持"绿色共识",坚定不移推进应对气候变化国际合作,共同落实应对气候变化《巴黎协定》,为2021年联合国第26次气候变化缔约方大会和第15次《生物多样性公约》缔约方大会成功举办做出贡献。

再次是深化互联互通合作。中国—中东欧国家合作以高质量、高标准同欧洲对接互联互通合作。加快推进匈塞铁路等大项目建设,推动中欧班列发展,充分挖掘合作潜力。深化海关贸易安全和通关便利化合作,探索同中东欧国家海关开展"智慧海关、智能边境、智享联通"合作试点。随着系列大型互联互通项目有序推进,中国—中东欧国家互联互通合作不断迈上新台阶。

最后是深入开展创新合作。创新是发展的主要驱动力量,双方在数字经济、人工智能和大数据、区块链等领域努力寻找合作对接点。在智能交通、智慧城

---

① 中国—中东欧国家合作秘书处:《中国—中东欧国家合作十年》,2022年12月,第19页。

市建设等方面找到合作抓手。双方在创新人才培养、创新体系建设等方面加强合作与交流，推动创新驱动发展之路。此外，双方也在文化创意产业、隐形冠军领域合作寻找合作潜力点。

中国—中东欧国家合作之路并非一帆风顺，成立至今经历美国加大同中国博弈力度、欧洲对华政策发生重要转折、新冠疫情冲击等多重挑战。2022年2月，俄罗斯对乌克兰发动"特别军事行动"震惊整个西方世界，欧洲国家尤其是中东欧国家对外政策日益地缘政治化，这一系列变化无论对中东欧地区还是对中国—中东欧国家合作，都产生了非常重要的、全方位的影响，对合作构成了新的挑战。双方也积极在危机中寻找机遇，在欧洲普遍面临通胀、经济衰退、能源短缺和绿色能源转型困境的背景下，中国在上述领域积极寻找更多的合作机遇，充分发挥中国超大规模市场、超大经济体量、绿色能源领域的优势，推动双方合作不断迈上新台阶。

第二章　机制分析：中国—中东欧国家合作"嵌入式协调"路径

一　关于机制的概念分析

国内对中国—中东欧国家合作研究形成很多观点和看法，有学者认为它是一种正式的制度安排，有人认为是一种独特的体制，还有人认为它就是一种合作框架，谈不上制度和体制，采取的是开放式协商的办法。另有人认为，从合作磋商的各种主体看，中国—中东欧国家合作强调的是一种伙伴关系，而非层级隶属关系，更非一种强制度化的安排。

学界对制度概念的界定较为宽泛，有正式制度，包括正式的法律、法规、条例等；也有非正式制度，包括习惯、传统和约定俗成等。同时，在正式制度和非正式制度之间还有很多交叉的内容和领域。据此，本书认为，中国—中东欧国家合作是一种特殊安排，它是一种软性的而非强制性的制度安排，是制度合作层面的软性合作，而非致力于具体的强制度建设，更非建立具体的国际组织并形成具体的法律制度框架。

那么用一个什么样的具体词汇来界定中国—中东欧国家合作呢？目前，学界用得比较多的是体制和机制两种表述。体制和机制同属制度层面的概念，但在视角分析和侧重点上有所差异。体制更偏重从静态视角分析制度内各权力主体之间的关系，而机制则更偏重权力主体在互动过程中所表现出的相互关系；体制更强调规范意义上政治权力结构的制度安排，而机制从实证意义上则更强调制度安排的执行效果；体制侧重从权力归属角度分析政治权力结构，机制则侧重于从过程角度分析权力的现实运行过程。一方面，机制是政治系统内各要素之间在实际运作中形成的现实关系、互动状态与过程特征；另一方面，机制又指系统内各要素在实际互动中所形成的非正式、却被普遍接受的惯例和规则。① 综合分析,用机制来界定中国—中东欧国家合作具有较高适恰性,本书通常称之为中国—中东欧国家合作机制。

虽然中国—中东欧国家合作整体上是一种机制,但机制下却嵌入了一系列正式和非正式制度安排,这些制度主体在不同层面互动,确保合作的机制得以有效和稳定运行。

二 中国—中东欧国家合作的基本运行框架

中国—中东欧国家合作机制从无到有、从初创到优化完善,是一个摸着石头过河的过程。经过多年的探索,以领导人会晤、国家协调员会议为引领,各领域的部长级会晤夯实合作,丰富和完善了中国—中东欧国家合作机制。中国—中东欧国家合作秘书处的建立以及中国—中东欧国家合作事务特别代表的设立提升了机制的协调能力和能见度。中央和地方的"双轮

---

① 张翔:《改革进程中的政府部门间协调机制》,社会科学文献出版社2014年版,第64—65页。

驱动"为中国—中东欧国家合作持续蓄能。一系列专业性机制和平台的建立尊重了中东欧国家的多样性、差异性并提升了它们参与的积极性，推动中国—中东欧国家合作朝着互利共赢方向发展。各种专业化机制和平台均设有具体协调机构，积极做深做实中国—中东欧国家务实合作。

（一）领导人会晤

领导人会晤机制对双边和中国—中东欧国家合作具有引领作用。每届领导人会晤均以总理正式出访某个中东欧国家为契机（在中国举行除外），借助中国—中东欧国家合作平台举办领导人会晤和经贸合作论坛。领导人会晤最终以多边形式举行，但多边会议前会举行双边会谈。因此，领导人会晤是以双边和多边并行的方式举行，积极搭建合作平台，求同存异，共商共建共享，实现互利共赢。在大的发展方向上，中国的牵引作用无疑是主要的，包括合作实施的主要工具、目标和方向，主要由中方驱动，中东欧国家选择与自身利益有关的内容参与。

每届领导人会晤大都有一个主题并为下一年设立

了主题年,指出当年的主要成就和未来一年的主要发展方向,峰会的设计显示出明显的系统性谋划色彩(见表2-1)。

表2-1 中国—中东欧国家合作的主题和主题年

时间	地点	主题	主题年
2012	波兰	—	—
2013	罗马尼亚	合作共赢、共同发展	—
2014	塞尔维亚	新动力、新平台、新引擎	投资经贸促进年
2015	中国	新起点、新领域、新愿景	旅游合作促进年
2016	拉脱维亚	互联、创新、相融、共济	人文交流年
2017	匈牙利	深化经贸金融合作、促进互利共赢发展	媒体合作年
2018	保加利亚	深化开放务实合作、共促共享繁荣发展	地方合作年
2019	克罗地亚	搭建开放、创新、伙伴之桥	教育、青年交流年
2020	推迟	—	农业多元合作年
2021	线上	共同应对疫情、推动经济复苏	绿色发展和环境保护年

中国—中东欧国家合作总体发展轨迹是以务实合作为主轴,合作共赢是主要目标,并且不同阶段分别聚焦经贸投资、互联互通、人文交流、联合抗疫等。尽管合作轨迹有所变化,但中国—中东欧国家合作的

主旨和基调保持了稳定和连续性，除第一阶段即华沙领导人会晤主要是推进区域合作外，其他几个阶段中，推进"一带一路"倡议在中东欧的建设是鲜明的特点。可以说，中国—中东欧国家合作是受"一带一路"倡议强有力支撑的一个区域合作倡议。

（二）常规性交流机制和国家协调员会议

2012 年华沙峰会确立的《中国关于促进与中东欧国家友好合作的 12 项举措》中明确提出建立中国—中东欧国家合作秘书处，秘书处设在中国外交部。外交部是协调单位，参与的成员单位十几家，主要由中国政府各大部委组成。大部分中东欧国家设立国家协调员，同中方协调单位对接日常活动。2015 年又设立了中国—中东欧国家合作事务特别代表，作为中方代表开展活动。每年举行两次国家协调员会议，商定重要合作内容和合作领域。2016 年《中国—中东欧国家合作里加纲要》中又提出支持建立中国—中东欧国家合作秘书处及其成员单位与中东欧国家驻华使馆季度例会机制。随着形势的变化，这些机制化安排也根据需要做出调整。

（三）部级协调机制和各领域的部长级会议

中国—中东欧国家合作还成立了由中方外交部作为主牵头单位的部级协调机制。2012年中国—中东欧国家合作启动时，就有多家部级单位加入，由中国—中东欧国家合作秘书处具体协调，秘书处虽然设在外交部，但代表的是中国政府来推进相关工作，主要成员单位包括外交部、中联部、国家发展改革委、教育部、科技部、工业和信息化部、财政部、交通运输部、农业部、商务部、文化部、卫计委、中国人民银行、国家新闻出版广电总局、国家旅游局、国家铁路局、民航局、团中央、贸促会、全国友协、中国工商银行、国家开发银行、进出口银行、中国铁路总公司等。部分机构名称后来有所变动，并且陆续又有新的机构加入，比如中国海关、中国社科院等。各机构可根据合作的需要提出合作动议，或者根据已有的合作基础开展合作活动。除外交部设立的中国—中东欧国家合作秘书处负责筹办好每年的中国—中东欧国家领导人会晤外，各部委或相关机构及其附属单位根据各自职能定位也筹备或牵头开展一系列活动，而这些活动主要是嵌入式协调的结果,并非无组织、无目标。具体情况见表2-2。

表2-2 参与部级协调机制的单位及其承担的
主要活动或内容

部委或相关机构	合作活动或内容
商务部	经贸合作论坛、中国—中东欧国家博览会(宁波市政府具体承办)
中联部	青年政治家论坛
教育部	教育政策对话会、高校联合会、孔子学院
科技部	创新合作大会
工信部	中小企业合作、中国—中东欧国家中小企业合作论坛(沧州市承办)
交通运输部	交通运输合作、交通部长论坛、内河航运和海事合作机制
农业部	农业合作部长级会议、农业合作促进机制
文化部	文化部长论坛、海外文化中心、"欢乐春节"活动
国家旅游局	旅游合作高级别对话机制(后并入文化部,组成文旅部)
国家新闻出版广电总局	媒体记者访华、新闻发言人对话、出版联盟、图书馆联盟等
贸促会	投资促进联系机制、联合商会等
国家发改委	中欧班列、投资论坛(捷克)、地方对口合作(点对点)、产能合作
全国友协	地方领导人会议、友好城市建设等
中国工商银行	中国—中东欧基金股份有限公司
国家开发银行	中国—中东欧国家银联体

续表

部委或相关机构	合作活动或内容
进出口银行	中国—中东欧投资基金、100亿专项贷款（优惠贷款部分）
中国铁路总公司	匈塞铁路等基建项目
卫计委	卫生部长会议、卫生合作机制
团中央	青年合作对话、"未来之桥"青年夏令营
民航局	开通直航
中国海关	海关合作对话、检验检疫、中欧陆海快线
中国社科院	高级别智库研讨会、中国—中东欧国家智库交流与合作网络
最高人民法院	中国—中东欧国家最高法院院长会议
北京市政府	首都市长论坛

（四）各种专业性协调平台

中国—中东欧国家合作对双边关系十分重视，注意成员国的差异性，突出呈现成员国参与的积极性和能动性，根据它们的合作意愿主动推动成员国承接相应的合作平台。这些平台也带动了多边合作的发展，丰富了中东欧国家发展对华关系的渠道。

据不完全统计，合作的专业性平台（含在建的）已经有20多类50多个（见表2-3），涉及旅游、高校、投资促进、农业、技术转移、智库、基础设施、物流、林业、卫生、能源、海事、中小企业、文化、银行、环保、青年等。依托于合作的总体框架，专业性平台的落实与推进得到了有力的保障，而专业性平台成果影响力的提升也很好地配合和推动了中国—中东欧国家合作的发展，使合作跳出了单纯的政府间关系范式，更突出不同行为体的专业化参与，以更广的合作包容度和更丰富的合作形式为中国—中东欧国家合作提供动力。

表2-3 中国—中东欧国家合作框架下已建成或筹建中各领域专业性协调平台

	各领域协调机制或平台名称	秘书处所在地
已建成平台	中国—中东欧国家投资促进机构联系机制	波兰
	中国—中东欧国家联合商会	波兰（执行机构）中国（秘书处）
	中国—中东欧国家合作秘书处与中东欧国家驻华使馆季度例会机制	中国
	中国—中东欧国家中小企业联合会	克罗地亚
	中国—中东欧国家农业合作促进联合会	保加利亚
	中国—中东欧国家旅游促进机构和旅游企业联合会	匈牙利
	中国—中东欧国家高校联合会	轮值
	中国—中东欧交通网络建设专家咨询委员会	中国

续表

	各领域协调机制或平台名称	秘书处所在地
已建成平台	中国—中东欧国家省州长联合会	捷克
	中国—中东欧国家基础设施建设联合会	塞尔维亚
	中国—中东欧国家物流合作联合会	拉脱维亚
	中国—中东欧国家农产品物流中心	保加利亚
	中国—中东欧国家能源项目对话与合作中心	罗马尼亚
	中国—中东欧国家智库交流与合作网络	中国
	中国—中东欧金融控股公司	中国
	中国—中东欧国家林业合作协调机制	斯洛文尼亚
	中国—中东欧国家（虚拟）技术转移中心	中国、斯洛伐克
	中国—中东欧国家文化协调中心	北马其顿
	中国—中东欧国家卫生合作促进联合会	中国
	中国—中东欧国家医院联盟	中国
	中国—中东欧国家公共卫生合作机制	中国
	中国—中东欧国家海事和内河航运联合会	波兰
	中国—中东欧国家银联体	中国（秘书处） 匈牙利（协调中心）
	中国—中东欧国家舞蹈文化艺术联盟	保加利亚
	中国—中东欧国家农产品电子商务物流中心	中国
	中国—中东欧国家兽医科学合作中心	波黑
	中国—中东欧国家环保合作机制	黑山
	中国—中东欧国家音乐院校联盟	中国
	中国—中东欧国家艺术创作与研究中心	中国
	中国—中东欧国家出版联盟	中国
	中国—中东欧中医药中心	匈牙利

第二章 机制分析：中国—中东欧国家合作"嵌入式协调"路径

续表

	各领域协调机制或平台名称	秘书处所在地
已建成平台	中国—中东欧国家旅游院校联盟	中国
	中国—中东欧国家智慧城市协调中心	罗马尼亚
	中国—中东欧国家青年艺术人才培训和实践中心	中国
	中国—中东欧国家文创产业交流合作中心	中国
	中国—中东欧国家全球伙伴中心	保加利亚、中国
	中国—中东欧国家图书馆联盟	中国
	中国—中东欧教育文化交流中心	中国
	中国—中东欧国家合作人文交流体验基地	中国
	中国—中东欧国家金融科技协调中心	立陶宛
	中国—中东欧国家创新合作研究中心	中国
	中国—中东欧国家海关信息中心	中国
	中欧陆海快线沿线国家通关协调咨询点	中国、匈牙利、北马其顿、塞尔维亚、希腊
	中国—中东欧国家卫生和植物卫生工作组机制	中国
	中国—中东欧国家检验检疫联络咨询点	中国
	中国—中东欧国家电子商务合作对话机制	中国
	中国—中东欧国家公众健康产业联盟	中国
	中国—中东欧国家卫生人才合作网络	中国
	中国—中东欧国家卫生政策研究合作网络	中国
	中国—中东欧区块链卓越中心	中国、斯洛伐克

续表

	各领域协调机制或平台名称	秘书处所在地
筹建中平台	中国—中东欧国家青年发展中心	阿尔巴尼亚
	中国—中东欧国家创新能力建设工作组	塞尔维亚
	中国—中东欧国家体育协调机制	待定克罗地亚、斯洛文尼亚
	中国—中东欧国家信息通信技术协调机制	克罗地亚
	中国—中东欧国家创意中心	黑山
	中国—中东欧国家女性创业网络	罗马尼亚

资料来源：本书根据习近平主席在中国—中东欧国家领导人峰会上的主旨讲话、中国—中东欧国家领导人会晤发布的历次纲要及网络资料内容整理。

从表2-3可以看出，绝大部分中东欧国家都牵头组建或筹建推动中国—中东欧国家合作的相关平台，其中，中国牵头组建的平台25家，中东欧国家中，波兰、匈牙利、罗马尼亚、保加利亚、克罗地亚、塞尔维亚等在牵头组建平台上相对活跃。专业性合作平台建设基本上体现了均衡和普惠的特点。

（五）地方合作机制

地方积极参与中国—中东欧国家合作，成为推动合作的另一个轮子。虽然地方合作本身也是专业性合作机制之一，但其发挥的作用越来越大，权重较为突出，因此，单独作为一个机制列举出来。目前，重庆、河北、辽宁等均承接了地方领导人会议。宁波、辽宁和四川等均在设计中国—中东欧经贸合作示范区方案。宁波承接了中国—中东欧国家博览会，沧州承接了中国—中东欧国家中小企业博览会等。

在地方合作机制中，也逐渐形成富有特色的合作格局，比如浙江对捷克、河北对塞尔维亚、湖南对匈牙利、四川对波兰、江西对保加利亚等结对合作取得了显著成就，地方也增加了自身在中国外交中的能见度。

表2-4　中国—中东欧国家地方合作领导人会议一览

时间	地点	具体内容
2013年7月	重庆	首次中国—中东欧国家地方领导人会议在中国重庆举行。时任北马其顿总理格鲁埃夫斯基、罗马尼亚总理蓬塔及中外方近70个地方省州市代表团、600多家企业的代表近千人与会。中外地方领导人联合发起旨在促进地方合作的"重庆倡议"。共签署25项合作协议

续表

时间	地点	具体内容
2014年8月	布拉格	第二次中国—中东欧国家地方领导人会议在捷克首都布拉格举行。中国国务院总理李克强向会议致贺信。时任国务院副总理张高丽,捷克总统泽曼、总理索博特卡、众议长哈马切克,以及中国15个省区市、捷克12个州和中东欧其他15国数十个地方省州市代表1300余人出席。中国—中东欧国家合作秘书处同捷克内务部签署《关于推动建立中国—中东欧国家地方省州长联合会的谅解备忘录》,并正式组建联合会,与会40余个省州市签署入会意向书
2016年6月	唐山	第三次中国—中东欧国家地方领导人会议在中国河北省唐山市举办。时任中国国务院副总理马凯、捷克总理索博特卡、黑山副总理伊瓦诺维奇,以及中国14个省区市、中东欧16国58个省州市代表共约1300人出席。会议期间还举行了中国—中东欧国家地方省州长联合会第二次工作组会议,并发表成果文件《唐山共识》
2018年10月	索非亚	第四次中国—中东欧国家地方领导人会议在保加利亚首都索非亚举办。中国国务院总理李克强向会议致贺信,中国全国人大常委会副委员长曹建明、保加利亚总理博里索夫、中国和中东欧国家地方政府及企业代表等共约600人出席会议。会议期间,发表了《索非亚共识》。会议同期举办了中国—中东欧国家地方省州长联合会会议,辽宁省接替河北省担任联合会新任中方主席
2021年2月	辽宁	第五次中国—中东欧国家地方领导人会议在中国沈阳以视频方式举行,中国22个省区市代表和中东欧17个国家的53位地方政府代表出席会议。会议还通过了吉林省、宁夏回族自治区和湖北省三个成员单位加入中国—中东欧国家地方省州长联合会的申请

三 中国—中东欧国家合作嵌入式协调机制分析

中国—中东欧国家合作主要采取嵌入式协调机制来推动分层落实，具有鲜明的中国特色和典型的共商、共建、共享特点。这种协调首先依赖于一种常规性的制度安排，做好统揽全局工作，同时在实践和政策执行过程中，采取相对务实和多元的分层落实办法。嵌入式协调意指通过相关各方共商达成的一揽子任务安排，按功能将任务分解给相应的行为体，行为体通过在各自体制内的权责关系来利用资源、推动成果落地。

中国—中东欧国家合作秘书处作为主体协调机构本身只具有外交功能，但要代理执行日常的综合协调工作。虽然中国也倡导大外交、公共外交、民间外交等，外交的目标庞杂而丰富，但在一些具体的决策实践中，除外交部外，各个部委还是发挥了重要的作用。如对外贸易和投资主要是商务部，对外基建投资和产能合作等主要是国家发改委，对外项目融资主要是进出口银行和国家开发银行，对外智库交流功能主要在中国社会科学院等智库机构和高校系统，对外文化交往主要在文化和旅游部、教育部等。外交部扮演的协调角色，主要是将具体任务分工嵌入协调工作中，并推动各主体单位具体落实好任务分工。

中国—中东欧国家合作将诸多功能嵌入协调网络中，既非委托—授权方式，也非直接行政指令，而是依托目标驱动方式。嵌入式协调主要依靠的是部级协调机制以及各种专业性合作平台。

部级协调机制是推动中国—中东欧国家合作的执行者和推动者，也是功能嵌入的承担者。从中国的行政决策和实施体制看，虽然决策由中央来做出，但它主要将功能放在各具体的部委来落实和执行，因此部委实际上是执行的具体载体，承担着决策是否能够落地、是否能够取得成效和实效的功能。部级协调机制包括了四个方面因素：确认跨部门关系、跨部门合作的领导协调机制、跨部门信息共享机制、跨部门合作的激励机制。跨部门合作是在执行一系列国家任务过程中形成的合作分工，跨部门合作主要由各部门指定

第二章 机制分析：中国—中东欧国家合作"嵌入式协调"路径

的领导或代表出面来进行磋商，形成工作机制和落实行动。在执行和落地相关任务过程中，各部门之间通过公文、函件或者会议来推动信息共享，互相分享工作进度和工作经验。能够促成工作得以落实的主要驱动力量是激励机制，这里既有国家层面的政策和财政激励机制，也有各个部门的激励和考评机制，它构成了各个部门加强协同、推动工作提质增效的主要驱动力量。

在具体实践中，嵌入式协调发挥的作用不仅对中国，而且包括对中东欧国家，这就需要搭建一些专业化平台，才能促进合作的精准对接。大家平等协商，各参与方凭借兴趣和主动性参与，通过沟通协商，取得内外共识，推动各方参与，而并非一方强迫另一方。由此，各种涉及贸易和投资促进、物流、交通、文化、智库等的专业性平台由中国和中东欧国家共建起来。将协调目标和任务充分借助分层化的机制安排（如国家级、部级、局级等层面）来做好落实。为了提升效率，中国—中东欧国家合作各专业性平台通过设立常设机构如秘书处或办公室等，保持同相关国内外各方的沟通。沟通过程中，采取大小国一律平等和协商一致原则,只有各方都同意才能实施相关政策。

在中共中央和中国政府的议事协调过程中,一些重大任务或业务工作常以"领导小组""指挥部""委员会"的名义开展活动,但中国—中东欧国家合作并没有赋予部级协调机制这种职能,没有形成领导小组制和委员会制等,只是在功能上赋予了外交部协调的角色。因此,在协调过程中,中国—中东欧国家合作秘书处的职能是大致介于领导小组和伙伴关系之间的一种状态。对内协调强调协作,任务分工明确,对外强调共商、共建,中外方在平等基础上妥善协商合作路径和方案,是一种真正意义上的伙伴关系。

常设协调机构把一些合作日程和合作计划嵌入各种组织机制中,推动合作的贯彻和落实。协调行为是中国—中东欧国家合作秘书处、特别代表以及例会等具体讨论,而具体落实则采取分层化做法,由各参与机构尤其是各部委及其下属机构根据各自优势特点和职能开展活动。嵌入式的做法体现在层层落实,领导人会晤由外交部、商务部等部级机构落实，领导人会晤形成的具体任务由具体落实单位（包括部委及其下属机构）通过各专业性协调平台来加以积极推进。

嵌入式协调既有自上而下的统筹协调，也有自下而上的主动参与推动，两种不同维度的活动通过协调实现行动的融会贯通，进而从功能上增强了"双边＋多边"机制的实施力度。

工作落实主要分两个层面来执行，一方面通过日常交流来对接合作需求。尤其是国家协调员会议、使馆交流例会以及日常的双边交流会议等推动合作，寻找共识点；另一方面是中国—中东欧国家合作秘书处加强同国内各部委的协调，推动同中东欧国家合作中的政策落实到位。各部委成为中国——中东欧国家合作机制工作对接和运转的主要执行机构，也就是部级协调机制能够发挥作用的关键。各部委会将工作分摊给下属各执行机构，并给予政策指导或资金支持，层层分解任务，实现工作精准对接。最终体现为部委参与、专业性协调平台精耕细作，实现合作提质升级。比如，中国—中东欧国家教育合作部分任务是由教育部下属单位教育国际交流协会同中东欧国家展开合作，中国—中东欧国家农业合作的部分任务是农业农村部下属的对外经济合作中心同中东欧国家联合执行，中国—中东欧国家全球伙伴中心主要由外交部所属的中国国际问题研究院和保加利亚市场研究所联合执行。

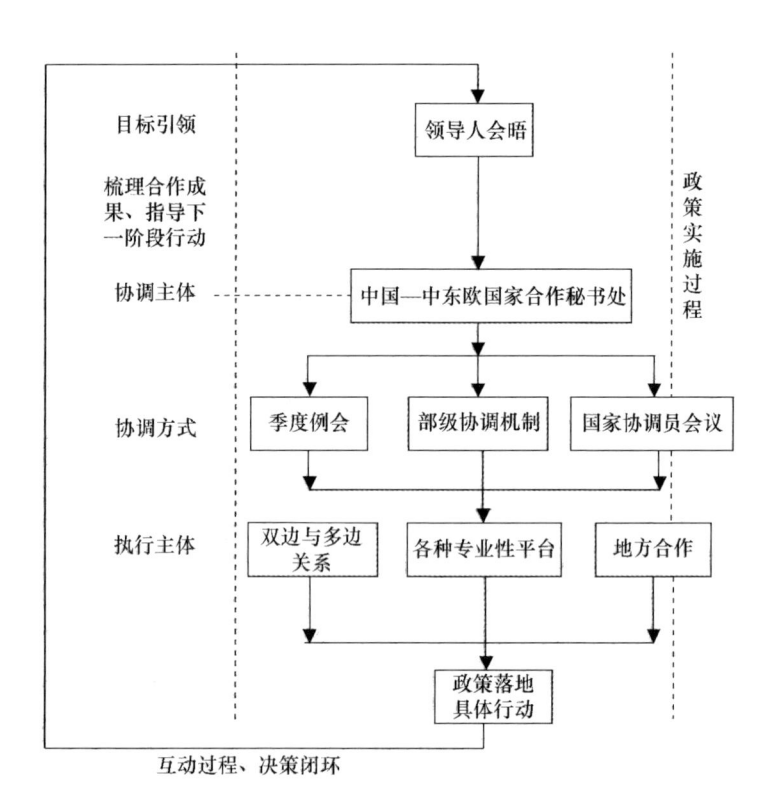

图 2-1 嵌入式协调图谱

◆ 第二章 机制分析：中国—中东欧国家合作"嵌入式协调"路径 ◆

合作中贯穿的精神就是如何做好资源的协调，方式则充分体现为"双边+多边"的色彩，既有双边的"点对点"合作，也有多边的"面对面"合作。

中国—中东欧国家合作尽管注重官方推动，但具体执行中，其民间合作为基础的特色比较鲜明，各专业性合作平台大都由民间或半官方机构执行。从参与主体上充分体现出中国—中东欧国家合作并非一种具有地缘政治和安全动机的合作倡议，参与的主体主要聚焦经贸和人文。

具体举例来说，中国—中东欧国家合作的专业性协调平台执行人通常具有民间色彩，并不涉及高政治领域问题，坚持合作的低政治化和民事化。比如中国—中东欧国家联合商会，具体执行机构中方主要是中国贸促会和中国国际商会；中国—中东欧国家教育合作平台由教育国际交流协会推动建设；中国—中东欧国家智库交流与合作平台运行主要是中国社会科学院下属的研究机构来具体推行；中国—中东欧国家农业合作平台建设是农业农村部下属的对外经济合作中心；中国—中东欧国家全球伙伴中心主要是中方的智库中国国际问题研究院和保加利亚市场研究所联合建设等。这种具体特点在其他机构和平台中也体现较为明显，注重在民间层面落实，强调经贸人文务实合作色彩。

四 中国—中东欧国家合作的机制创新

（一）搭建层次分明的合作大平台

中国—中东欧国家合作积极做专合作平台，通过组建中国—中东欧国家经贸合作示范区、中国—中东欧国家博览会、中国—中东欧国家中小企业合作示范区等放大合作效应，同时也积极扩大同不同平台的联络与合作，积极扩展合作渠道、提升合作增量、丰富合作模式。迄今为止，中国—中东欧国家合作积极通过中国国际进口博览会、中国国际农业博览会、上海自由贸易区等扩大合作成果。随着功能的完善和业务的不断扩展，参与的主体不断增加。城市群、都市圈、中小城市逐渐被纳入。地方省市之间、城市与园区之间、城市与企业之间务实合作也逐渐开展。中国积极欢迎欧洲（包括中东欧）各界积极参与京津冀一体化、长江经济带、粤港澳大湾区、海南自由贸易试验区和自由贸易港等建设。中国—中东欧国家拓展上述合作产生了良好影响，也积极回应和支撑了国家重大战略和政策的布局。

中国—中东欧国家合作是一种平台性合作，平台主要扮演协调作用，通过协调国内外相关各方来加强合作，合作机制相对灵活。双方合作各领域未形成明确的法律成果或者契约，而是强调合作共识。中国和中东欧国家根据市场需求灵活设立各种合作框架和平台，为合作创造空间，市场导向和实际利益需求是双方合作的根基。

(二) 创新专业性合作平台

目前，专业性的平台建设门类比较丰富，涉及各种领域，主要分为下列几个类型。

1. 经贸投资类

经贸合作是中国—中东欧国家合作的重要组成部分，也是务实合作最根本的体现。每届领导人会晤（2021年除外）都要举办经贸合作论坛以及经贸促进部长级会议。中国与中东欧国家在电子商务、服务贸易、高技术产品等领域的经贸往来增多，提升了合作层次。

为了进一步使中国与中东欧国家的经贸和投资提质增效，相关的专业性协调平台开始落地，主要包括中国—中东欧国家联合商会以及中国—中东欧国家投资促进机构联系机制。

中国—中东欧国家联合商会是根据2013年《中国—中东欧国家合作布加勒斯特纲要》由中国和波兰共同发起，并邀请其他中东欧国家商协会及贸易投资促进机构自愿加入的非营利性机制。为进一步落实2015年11月中国和中东欧国家领导人苏州会晤期间制定的《中国—中东欧国家合作中期规划相关措施》，联合商会中方理事会于2016年7月在北京成立。作为依托中国贸促会、中国国际商会的多边合作机制之一，联合商会中方理事会致力于加强中国与中东欧国家的经贸互利合作，推动双方商协会的沟通协调，为双方工商界在基础设施、旅游、投资、工业等领域搭建平台。

《中国—中东欧国家合作布加勒斯特纲要》还明确提出建立中国—中东欧国家投资促进机构联系机制，该机制于2014年9月9日正式成立，成员包含了中国及中东欧国家的官方贸易及投资机构，秘书处分别设在了中国商务部投资促进事务局与波兰信息与外国投资局。中国—中东欧国家投资促进机构联系机制的建立为中国与中东欧各国间的经贸往来搭建了信息共享、互利共赢的交流平台。在该机制的协调安排下，目前已举办了多届中国—中东欧国家投资合作洽谈会、多届中国—中东欧国家投资促进机构联系机制工作会以及多届中东欧投资贸易博览会。中国—中东欧国家投资促进机构联系机制切实提升了各国企业的合作便利化程度，促成了多个亮点项目落地，涉及电力建设、矿产资源、交通运输、医疗仪器、物流货代、汽配加工等多个行业及领域。

为了提升中国—中东欧国家合作在特定产业的协调发展，中国—中东欧国家农业合作促进联合会、中国—中东欧国家林业合作联合会、中国—中东欧国家中小企业联合会等相继建成。

2. 金融类

中国—中东欧国家金融合作是促进产融结合、提升市场效率的重要手段。尤其是在当今国际金融环境愈加动荡的背景下，高效的金融对接可有效提升国际经贸合作效率。

中国于2012年率先设立了总值达100亿美元的中国—中东欧国家合作专项贷款，以相对开放且优惠的贷款条件为中国与中东欧国家在绿色经济、高新技术以及基础设施建设等领域项目提供资金保障。依托专项贷款支持，波黑斯塔纳里火电站、北马其顿高速公路以及黑山南北高速公路等多个项目先后落地。同时，中国同中东欧国家还联合成立了中国—中东欧国家投资合作基金，采取有限合伙制的形式，中国进出口银行以及匈牙利进出口银行等多个国内外投资机构作为主要合伙人参与其中，重点支持中东欧各国基础设施、能源、电信、教育等领域的发展，取得了良好的社会效益。中国—中东欧国家投资合作基金一期封闭金额为4.35亿美元，于2014年投入使用，二期的首期封闭金额为8亿美元，于2017年设立并投入运营，均取得良好效果。

而作为开发性金融的实践，中国—中东欧国家银行联合体的成立为中国—中东欧国家合作框架下双多边金融合作提供了诸多支撑。中国—中东欧国家银行联合体于2017年11月27日正式成立，其成员由中国和中东欧各国的政策性、开发性金融机构或国有商业银行组成,目前共有14家成员行参与其中,主要包括中国国家开发银行、匈牙利开发银行、捷克出口银行、斯洛伐克进出口银行、克罗地亚复兴开发银行、保加利亚发展银行、罗马尼亚进出口银行、塞尔维亚邮储银行、斯洛文尼亚出口发展银行、波黑塞族共和国投资开发银行、北马其顿发展促进银行、黑山投资发展基金等。以"自主经营、独立决策、风险自担"为原则,中国—中东欧银行联合体聚焦于增进成员国及观察员国在项目融资、规划咨询、同业授信、信息共享以及培训交流等领域的合作,通过引导资源流向成员国社会发展的薄弱环节与瓶颈领域,着力清除合作的经济阻碍因素,提升营商环境水平。

3. 人文类

人文交流是促进中国和中东欧国家人民相互了解的重要方式,高质量的人文交流合作可以为不同文化背景的国家之间增进政治互信、提升经贸关系打下基础,也能够改善国家形象、提升国家软实力。在中国—中东欧国家合作多份纲领性文件指导下,中国已同中东欧国家开展了一系列丰富的文化活动,形成了多层次多领域的人文交流格局。中国相关机构已同中东欧国家设立了中国—中东欧国家文化合作论坛、中国—中东欧国家教育政策对话以及中国—中东欧国家青年政治家论坛,分别由中国文化部(后改名文化和旅游部)、教育部以及中共中央对外联络部牵头主办。

针对中国—中东欧国家人文交流领域的多样性与合作特殊性,多个机制化平台及协调中心在各方推动下相继落成。2014年5月,中国—中东欧国家旅游促进机构和中国旅游企业联合会在匈牙利布达佩斯成立,旨在增强中国的旅游机构同中东欧各国旅游机构的联系,建立并分享旅游数据库,实现双方旅游资源整合。2018年3月,在北马其顿成立中国—中东欧国家文化合作协调中心,该中心职能包括在中国与中东欧各国间搭建联系网络和沟通渠道,根据需要组织召开专家会议,鼓励知识和经验交流共享等。

智库交流是人文交流的重要组成部分。中国和中东欧国家在共同签署的《中国—中东欧国家合作苏州纲要》中明确提出"支持中国社会科学院牵头组建中国—中东欧国家智库交流与合作网络"。2015年12月,中国—中东欧国家智库交流与合作网络正式揭牌成立。智库网络主要包括理事会、学术委员会、秘书处及办公室，依靠中国社科院学科齐全、人才济济、与国内外智库和学术机构交往密切等优势，打造中国与中东欧国家间国际性智库协调机制与高端交流平台。中国—中东欧国家全球伙伴中心是中国和中东欧国家联合成立的另一个重要智库。建立全球伙伴中心的想法是在2018年索非亚峰会上提出，并在2019年4月的杜布罗夫尼克峰会上正式揭牌成立。中心起步阶段为非官方、非营利性的智库咨询机构，宗旨是在遵循中东欧国家、中国和欧盟有关法律法规的基础上，促进合作的深度发展。

为了应对现实需要、丰富合作内容，相关方还主动探寻卫生、环保等领域的平台对接建设，中国—中东欧国家卫生合作促进联合会、中国—中东欧国家能源对话合作中心于2016年成立，中国—中东欧国家环保合作机制于2018年成立。

4. 科技创新类

近年来，中国与中东欧各国十分关注在科技创新领域的合作。目前，中国同中东欧国家已联合举办了三届中国—中东欧国家创新合作大会，支持参与国高校、科研机构以及企业开展联合研发与成果产业化合作，积极探讨合作共建联合实验室、联合研发中心等。

2016年11月，在首届中国—中东欧国家创新合作大会上，中国政协副主席、科技部部长万钢与中东欧国家科技主管部门领导共同为"中国—中东欧国家技术转移中心（VTTC）"揭牌。VTTC是中国面向中东欧的国家级技术转移平台，旨在促进中国和中东欧国家之间的技术转移领域合作。中心在斯洛伐克科技信息中心及中国科学技术部分设秘书处。2018年中国—中东欧国家领导人会晤达成的《中国—中东欧国家合作索非亚纲要》明确提出，"各方支持在公平基础上，加强在研究和创新领域的互利合作，启动'中国—中东欧国家科技创新伙伴计划'，定期举办中国—中东欧国家创新合作大会。各方在自愿基础上开展联合研究，加强科技人员交流，开展科普合作"[①]。

5. 基础设施类

为了进一步完善成员国运输和物流基础设施建

---

① 《中国—中东欧国家合作索非亚纲要》，2018年7月8日，http://www.gov.cn/xinwen/2018-07/08/content_ 5304787. htm。

设，提升成员国的运输和物流服务水平，中国—中东欧国家基础设施建设联合会、中国—中东欧国家物流合作联合会及中国—中东欧国家海事和内河航运联合会分别在塞尔维亚、拉脱维亚与波兰成立，积极寻求中国—中东欧国家基础设施发展的规划对接，推进重点项目建设，着力强化安全运输保障。

6. 地方合作类

为了促进中国与中东欧各国地方和企业间的交流合作，2014年8月，中国和中东欧国家省州长联合会在捷克首都布拉格成立。联合会通过加强对地方层面信息的收集、整理与分享以及提供专业化的咨询、指导与协助，将地方的优势禀赋与合作诉求细化分类以寻求合作机会，为地方参与中国—中东欧国家合作创造更多契机。

总体而言，一系列专业性合作平台的建立为中国—中东欧国家合作提供了诸多机遇，也为中国探索次区域合作的外交实践提供了有益的经验借鉴，拓展了对接空间，在实现了合作框架专业化、合作形式多样化的同时，更凝聚了中国—中东欧国家各领域合作的向心力。

(三) 积极引入第三方合作

中东欧地区特殊的地理位置决定了第三方在其经济社会发展的历史进程中一直发挥着重要作用。美国、欧盟、德国、奥地利、土耳其等均发挥着重要影响，有着紧密的经贸合作，国际金融机构、非政府组织、跨国企业更是遍布于此，这就为开展第三方合作创造了条件。2013年在中国和中东欧国家领导人罗马尼亚布加勒斯特峰会上，中方首次提出"鼓励企业探讨利用中国和中东欧国家的区位优势和良好的投资环境共同开拓第三方市场"[1]。2014年中国和中东欧国家领导人贝尔格莱德峰会上也做了相类似的表述。[2] 2015年11月在苏州举办的中国—中东欧国家经贸合作论坛开幕式上，国务院总理李克强再度强调，中国—中东欧国家合作是一个开放包容的合作平台，欢迎第三方加入。中国在中东欧的基建投资，可以考虑使用西欧等发达国家的技术，而

---

[1] 《中国—中东欧国家合作布加勒斯特纲要》，2013年11月26日，http://news.xinhuanet.com/world/2013-11/26/c_118305064.htm。

[2] 《中国—中东欧国家合作贝尔格莱德纲要》，2014年12月17日，http://news.xinhuanet.com/world/2014-12/17/c_1113667695.htm。

奥地利、欧洲复兴开发银行受邀参加苏州峰会，更是明显意在推动第三方在中国—中东欧国家合作中发挥作用。目前，包括法国、德国、土耳其等已经成为中国—中东欧国家合作框架下的第三方合作伙伴，已经在从事具体的合作项目。

（四）推广观察员国制度

中国—中东欧国家合作充分体现出开放包容的特点，通过积极引入观察员国制度，欧盟、奥地利、瑞士、白俄罗斯、欧洲复兴开发银行、希腊先后加入合作框架中，成为重要的合作参与者。

观察员国制度作为中国—中东欧国家合作的制度创新，除了能够充分体现合作的开放性和包容性外，还能够扩大参与性。观察员国可以参加会议和其他活动，但不享受表决权等会员的权利，这样能够保证合作对象的稳定性。同时，观察员国也可为组织或机构进一步扩员做好储备。希腊曾经是合作的观察员国，待时机成熟时，最终以正式成员身份加入。

五　中国—中东欧国家合作机制建设的经验

（一）规避政治和安全议题，立足务实合作

中国—中东欧国家合作坚持不介入地区政治和安全事务，不干涉他国内政，不触碰地区敏感问题，一心一意求合作、谋发展，成为推动中东欧地区稳定的建设性力量，受到中东欧各国欢迎。

尽管中国和中东欧国家政治高层来往频繁，但谈的都是经济和人文议题，务实合作是主要焦点所在。中国不参与该地区的地缘政治纷争，也不想做地缘政治玩家，对于欧亚大陆日益严重的地缘紧张态势，中国抱着不参与、不干涉原则。2022年俄乌冲突发生后，在中东欧地区地缘政治态势日益强化的背景下，中国依然恪守底线，不参与具体冲突，同时，积极劝和促谈，中国发展对俄关系和对欧关系不针对、不依附、不受限于第三方。中国还积极开辟渠道，努力探讨回应中东欧国家的发展关切，通过扎实的务实合作项目来推动双方合作走稳走实。参与决策的各主体非常注意政策执行的民事化，虽然部级协调机制推动各

部委参与了决策,但执行者大多是民间组织,去政治化色彩比较浓厚。如在推动经贸合作上,商务部等发挥重要作用,但具体执行中作为社会组织的中国贸促会和中国国际商会是执行主体;在推动教育合作上,教育部是决策主体,但具体执行者是民间组织教育国际合作中心等。尽管官方积极参与了各项活动,但也非常注意激发民间主体的参与度。

(二) 坚持大小国平等相待,利益共享

中国为推动同中东欧国家合作,主动搭台,整合优势资源,坚持需求导向,秉承大小国一律平等,共商共建共享合作成果,激发了中东欧国家参与合作的积极性和主动性。在中东欧国家中,不乏一些批评,认为欧洲大国可以独立和平等地开展同中国的合作,但欧洲的大部分小国,尤其是中东欧国家,与中国开展合作时,有时受到欧洲大国的影响甚至是限制。中国采取的大小国一律平等政策为小国参与合作创造了机遇。中国—中东欧国家合作机制积极推动国际关系和国际交往的平等观,合作机制的持续推进也使得中东欧国家在中欧关系中无论是能见度还是战略地位都

得到提升。

中国还坚持合作中互利共赢原则，不搞赢者通吃，更不搞零和博弈，坚持有事大家一起干，有好处大家一起分。针对一些欧洲智库认为的中国采取的双赢政策是中国"赢两次"[①]，中国予以了反驳，中国的投入让中东欧国家获得了实实在在的利益，给中东欧国家创造了发展机会并分享了中国的经济发展成果。

（三）坚持政府推动、企业先行、社会组织跟进

中国—中东欧国家合作是中国政府联合中东欧国家主动设计、积极推进的一个跨区域合作平台，是中国外交和对外合作的重要创新。中国企业作为最重要的参与主体第一时间跟进，纷纷进入中东欧市场投资兴业，短时间落地多个项目。社会组织作为政府—社会—个人的黏合剂也广泛参与中国—中东欧国家合作中 20 多个专业领域 50 多个平台的协调组织工作，为

---

① Alberto Forchielli, "A Win-win Situation with Europe. Will China Win Twice or Will Internal Divisions Allow Inaction to Prevail?" https://www.albertoforchielli.com/a-win-win-situation-with-europe-will-china-win-twice-or-will-internal-divisions-allow-inaction-to-prevail/.

合作成果落地做出积极贡献。

企业为什么会有兴趣到中东欧国家投资兴业，这需要政府引导，为企业进入中东欧创造良好的营商环境。中国政府通过推动金融机构对中东欧国家融资贷款，对基建、能源等领域重点引导和分类推进等方式，提升了企业投资的兴趣。企业投资落地项目离不开好的政治互信和民心相通基础，为此，高层互访积极推动，中国的教育、文化、学术等专业民间组织积极跟进，做好民心相通工作，推动了投资的落地。正是有了上述工作的积累，中国企业才克服疫情的重重困难，仍在疫情期间落地了宁德时代投资匈牙利德布勒森达70多亿欧元的项目，以及匈塞铁路和中欧陆海快线建设持续取得进展，提振了双方合作信心。

（四）坚持边学边做，不断探索、冷静观察

中国—中东欧国家合作是一项探索性的事业，没有明确的参照系，很多合作举措是摸着石头过河，边探索边总结。坚持平等相待、相互尊重，积极推动构建全球伙伴关系网络。在中国—中东欧国家合作中，

中国用互联互通的力量推动相互依赖和共生的合作关系，摒弃地缘政治思维，积极为中东欧国家提供发展的机遇和和平的区域公共产品。以往，对于中东欧国家而言，欧盟是其主要的进出口市场，也是国内基础设施建设的主要外部资金来源。当前中国—中东欧国家合作的一个重点投资领域就是基建领域，这为助力中东欧国家国内基础设施建设的发展注入了更多元的选择机会。

在面临"百年未有之大变局"、美国全方位加大同中国博弈力度、欧洲将中国定义为"伙伴、竞争者和制度性对手"[1]、新冠疫情肆虐三年和俄乌冲突持续等背景下，中国—中东欧国家合作面临越来越多挑战，俄乌冲突导致的中东欧地区营商环境发生明显变化[2]，同时，欧洲对华政策也出现更多问题，显示出更多的泛安全化倾向[3]，合作也步入"深水区"和困难期。但中国—中东欧国家合作坚持攻坚

---

[1] EU-China A Strategic Outlook, 12 March, 2019, https://ec.europa.eu/commission/sites/beta-political/files/communication-eu-china-a-strategic-outlook.pdf.

[2] 刘作奎主编：《俄乌冲突对欧洲影响研究》，中国社会科学出版社2023年版。

[3] 刘作奎：《欧盟"互联互通"政策的泛安全化及中欧合作》，《理论学刊》2022年第1期。

克难、不断探索、冷静观察、挖掘机遇，同中东欧国家合作的基本理念保持不变，加强务实合作的特质没有变，服务于中欧关系和"一带一路"建设的大局没有变，在此基础上，坚持大胆探索，有为有守，有开有收。

（五）践行务实灵活、开放包容、兼收并蓄的合作实践

中国—中东欧国家合作一开始就坚持开放办平台，不搞封闭排他的小圈子、不打地缘博弈的小算盘、不做凌驾于人的强买强卖，坚持需求导向和成果导向，无论国家、组织、企业都可以以灵活形式加入合作。希腊2019年成为正式成员国就是开放办平台的体现。欧盟、奥地利、瑞士、白俄罗斯和欧洲复兴开发银行作为观察员国加入，令合作平台充满活力。

中国外交坚持广交朋友，积极推进民心相通。中国和中东欧大部分国家民心基础较好，良好的民意基础有助于双方合作走深走实。中国—中东欧国家合作积极推动多领域、多渠道、多层次民间友好交流，广

结善缘，积极扩大朋友圈，为加深人民友谊深耕细作，为促进国家关系铺路搭桥，为推动国际合作穿针引线。坚持以诚感人、以心暖人、以情动人，为更深入合作保驾护航。

第三章　政策实践分析：中国—中东欧国家合作国别区域视角

中国—中东欧国家合作在制度设计上有很多创新，政策实践蕴含着内涵丰富的"双边+多边"特色，成为中欧关系的组成部分，也是中国特色大国外交的具体体现之一。在政策实践中，嵌入式协调发挥着基础性作用，并为各个机构、部门、行为体的参与创造空间和平台。其基本要义在于通过搭建多边平台来推动双边关系发展，又通过双边关系发展推动与夯实中国和中东欧国家合作。

一 加强双边合作是基础

在中国—中东欧国家合作机制中，中国与中东欧各国家之间的双边关系是主要抓手，没有主要抓手的多边合作是空泛的、难以产生实效的。而合作机制作为多边平台为双边合作提供了在政治方面增信释疑的机会，在经济领域推动了项目洽谈、签署及落地的机制保障，在人文领域推动了密切交往与合作的渠道和激励机制。总之，中国与中东欧国家合作主要是基于双边和多边两种途径展开，具有明显的国别和区域并行和互促的指向。

（一）在政治领域，中国—中东欧国家合作为中国和中东欧国家领导人创造了直接对话的机会，推动了双边政治交往

自2012年中国—中东欧国家领导人会晤举行以来至新冠疫情暴发前，中东欧国家的政府领导人每年至少有一次与中国领导人面对面对话沟通的机会，这对中东欧国家来说是十分重要的合作渠道。中欧

关系在很长一段时间相对偏重中国与欧洲大国的关系以及中国与欧盟机构的关系，中小国在某种程度上被忽视。中国—中东欧国家合作机制的创设为处在欧洲相对边缘的中东欧国家创造了一个可以与世界第二大经济体直接开展贸易投资合作的高层对话平台。

历届领导人会晤都要举行双边会谈，收集合作信息、汇拢合作意愿、推动合作成果的形成，同时也注意到多边论坛对于推动双边合作所能发挥的作用。为了充分调动双边合作，双方推动高层领导互访，习近平主席2016年对捷克、波兰、塞尔维亚三国的访问，2019年对希腊的访问，均体现了对双边关系的重视。

表3-1 中国—中东欧国家合作确立后中国高层
出访中东欧国家情况（2012—2019年）

时间	姓名	国别
2012	温家宝	波兰
2013	李克强	罗马尼亚
2014	李克强	塞尔维亚
2014	李克强	希腊
2015	无	无

续表

时间	姓名	国别
2016	习近平	捷克
2016	习近平	塞尔维亚
2016	习近平	波兰
2016	李克强	拉脱维亚
2017	李克强	匈牙利
2018	李克强	保加利亚
2019	李克强	克罗地亚
2019	习近平	希腊

从2012年至2019年，中国党和国家领导人保持了对中东欧国家高频度出访，除2015年中国—中东欧国家领导人会晤在中国苏州举行而未实现出访外，其他时间段均实现年度最少一次出访中东欧国家。2020—2022年因新冠疫情而有所中断。

表3-2 中东欧国家高层领导人访华情况
(2012—2019年)

国别	时间	姓名	职务
阿尔巴尼亚	2014	拉马	总理
	2015	拉马	总理

◆ 第三章 政策实践分析：中国—中东欧国家合作国别区域视角 ◆

续表

国别	时间	姓名	职务
保加利亚	2014	普列夫内利埃夫	总统
	2015	鲍里索夫	总理
	2019	拉德夫	总统
克罗地亚	2015	基塔罗维奇	总统
	2018	普连科维奇	总理
	2018	普连科维奇	总理
波黑	2015	乔维奇	主席团轮值主席
	2015	兹维兹迪奇	部长会议主席
捷克	2014	泽曼	总统
	2015	泽曼	总统
	2016	索博特卡	总理
	2017	泽曼	总统
	2018	泽曼	总统
	2019	泽曼	总统
爱沙尼亚	2015	罗伊瓦斯	总理
	2018	卡留莱德	总统
希腊	2017	齐普拉斯	总理
	2019	齐普拉斯	总理
匈牙利	2014	欧尔班	总理
	2015	欧尔班	总理
	2017	欧尔班	总理
	2019	欧尔班	总理

65

续表

国别	时间	姓名	职务
立陶宛	2015	特克维丘斯	总理
	2018	格里包斯凯特	总统
拉脱维亚	2012	托姆布洛夫斯基斯	总理
	2015	特劳尤马	总理
	2018	韦约尼斯	总统
北马其顿	2014	格鲁埃夫斯基	总理
	2015	格鲁埃夫斯基	总理
黑山	2014	武亚诺维奇	总统
	2015	久卡诺维奇	总理
波兰	2015	安杰伊·杜达	总统
	2017	希德沃	总理
罗马尼亚	2014	蓬塔	总理
塞尔维亚	2015	尼科利奇	总统
	2017	武契奇	总理
	2018	武契奇	总统
	2019	武契奇	总统
斯洛文尼亚	2015	采拉尔	总理

从中东欧国家领导人对华访问情况看，也保持了一定的密度，除了斯洛伐克政府总理或总统因故没有对华实现访问、斯洛文尼亚和罗马尼亚总理对华访问一次外，从2012年至2019年，中东欧国家

大都实现对华至少两次高层访问，参加夏季达沃斯论坛、"一带一路"国际合作高峰论坛以及中国国际进口博览会等活动，密切了高层交往和对话。其中，捷克、塞尔维亚和匈牙利高访呈现出高密度，至少四次。

中国—中东欧国家合作启动以来，共颁布了八个纲要、一个行动计划和一个中期合作规划，纲要的筹划、讨论以及发布充分体现出多边性色彩并照顾到了双边关切。中国和中东欧国家一起商量，广开言路、开放包容，推动了一系列成果的出台。

（二）在整体外交方面，中国—中东欧国家合作对中国和中东欧国家关系具有推动作用，扩展了中国在欧洲的朋友圈

中国与大部分中东欧国家曾经同属社会主义阵营，彼此相互了解。但自 20 世纪 80 年代末 90 年代初东欧剧变和苏联解体后，双方的密切合作有所减弱。中东欧国家开始了转型以及加入欧盟进程，中国也步入加速改革和扩大开放进程，与大国、周边国家的联系日益紧密，而与中东欧国家的联系和合

作关系相对有些疏远。不过,在21世纪初中国与中东欧国家合作迎来新的契机。在2012年中国—中东欧国家合作机制确立之前,中国只与塞尔维亚和波兰建立了战略伙伴关系。在合作机制的推动下,中国的战略伙伴关系网在中东欧乃至欧洲地区越织越密。中国与捷克(2016年)、匈牙利(2017年)和保加利亚(2019)的战略伙伴关系从无到有,与波兰和塞尔维亚提升了战略合作水平,从战略伙伴关系提升到全面战略伙伴关系(均为2016年),与匈牙利从友好合作伙伴关系提升为全面战略伙伴关系(2017年)。由此,中国在中东欧国家中已经缔结成多对战略伙伴关系,将对外朋友圈的工作不断做大做实。

(三) 在双边关系层面,中国—中东欧国家合作对每个中东欧国家关系的拉动作用明显但存在差别

中东欧国家是推进与中国合作的平等伙伴,各双边关系在合作平台的推动下,经贸、投资、人文等领域合作进展较为明显。同时,不容忽视的是,由于地理位置、资源禀赋、历史传统、合作意愿等

◆ 第三章 政策实践分析：中国—中东欧国家合作国别区域视角 ◆

方面的差异性，自然而然地产生了一些具有引领性和示范性的国家。塞尔维亚、匈牙利和希腊等即成为中国—中东欧国家合作框架下推动合作具有代表性的国家。

塞尔维亚是合作框架下落地的合作成果最多的国家之一，创造了多个"第一"。比如，第一个对中国公民护照免签的欧洲国家是塞尔维亚，中国在欧洲修建的第一座大桥是贝尔格莱德的泽蒙-博尔察跨多瑙河大桥，第一个在欧洲建设并达到欧盟标准的火电站是在塞尔维亚建设的科斯托拉茨火电站，第一个在中东欧地区的产能合作项目是在塞尔维亚投资并实现当年开工、当年盈利的斯梅代雷沃钢厂，中国铁路的第一个欧洲项目是在塞段建设进展顺利的匈塞铁路。

中匈关系在中国—中东欧国家合作当中也是稳步发展的。中匈关系创造了多个"第一"：匈牙利是第一个同中国签署关于共同推进"一带一路"建设的政府间合作文件的欧洲国家，第一个同中国建立和启动"一带一路"工作组机制的国家，第一个中国在中东欧地区设立人民币清算行的国家，第一个发行人民币债券的中东欧国家，第一个设立中国国家旅游局办事处的中东欧国家。匈牙利还承接了中国自新中国成立以来在欧最大绿地投资项目（宁德时代 70 多亿欧元在匈投资生产动力电池），项目如果完全落地的话，匈牙利将成为中国在欧的最大投资目的地之一。

希腊较晚加入中国—中东欧国家合作，但很早就参与了各种合作活动，因两国民心基础较好，合作领域深入，大项目不断得到巩固和夯实。2015 年，希腊首次以观察员国身份参加了在苏州举行的第四次中国—中东欧国家领导人会晤，此后均以观察员国身份派政府高级代表参会。2019 年 4 月，第八次中国—中东欧国家领导人会晤期间，希腊作为正式成员国加入中国—中东欧国家合作。它的正式入群，不仅将中希两国的互补优势进一步扩大到中国—中东欧国家合作框架中，也充分彰显了中国—中东欧国家合作的包容性。中国投资希腊比雷埃夫斯港项目是一个互利双赢项目，以比港为依托的中欧陆海快线项目是海上丝绸之路建设的重要路线。中国和希腊也在旅游、能源、交通、金融、教育合作等方面扎实推进相关工作。

在合作进程中,也存在诸多国家持观望或怀疑态度,如波罗的海三国。主要原因是这些国家对于安全议题较为关切,这种安全首先是国土安全,其次包括信息安全、经济安全等。俄乌冲突的发生,更强化了其地缘政治和安全焦虑,对华政策出现摇摆。

(四)在具体合作领域,中国—中东欧国家合作对各个领域推动工作有所差别,在人文交流、投资与经贸领域拉动效应明显

中国—中东欧国家合作对于人文交流的拉动效应比较突出。从整理的数据可以看出,自2012年中国—中东欧国家合作机制创设以来,中国国内的高校设立的中东欧区域和国别研究机构如雨后春笋般出现,中国与中东欧国家智库、高校、民间的各类人文交流和文化活动呈欣欣向荣之势。较之于2000—2011年的12年间,2012年至2022年的各类数据增长了数倍。人文交流在中国—中东欧国家合作推动下经历了快速发展,旅游、媒体、智库、青年等活动纷纷开展

起来。

在旅游合作方面，中国与中东欧国家在2015年成功举办了"中国—中东欧国家旅游合作促进年"。旅游合作高级别会议从2014年开始陆续在匈牙利、斯洛文尼亚、波黑、拉脱维亚、克罗地亚等国家召开。中国—中东欧国家旅游协调中心、旅游促进机构和旅游企业联合会、中国驻布达佩斯旅游办事处先后在匈牙利成立。中东欧国家连年应邀参加中国国际旅游交易会；国内多个省区市在中东欧多国举办了形式多样、内容丰富的文旅活动。在各项措施的鼓励和推动下，中国赴中东欧国家旅游人数增长迅速。截至2019年，中国公民赴中东欧国家旅游人数由2013年的45.82万人次增长至216.55万人次，增幅达373%。中东欧国家公民赴华游客由2015年的30.48万人次增长至40.9万人次。[1] 因应这种需求，塞尔维亚、黑山、波黑、阿尔巴尼亚等国纷纷采取对华免签证或季节性免签证政策。2016年，中国也对中东欧16国公民实行72

---

[1] 中国—中东欧国家合作秘书处：《中国—中东欧国家合作十年》，2022年12月，第3页。

小时过境免签政策。包括京津冀在内的中国地方城市对53国国际游客实行144小时过境免签政策，中东欧国家（含希腊）均在此列。

智库交流进入活跃期。中国—中东欧国家智库和学术机构虽然历史上有过密切交往，但机制化、规模化、系统化的交往并不多见。机制化的重要体现是2015年12月中国—中东欧国家智库交流与合作网络正式揭牌成立，积极打造中国与中东欧国家间智库协调机制与高端交流平台。随后中国—中东欧国家全球伙伴中心成立，也是一个重要的智库间合作交流机制。由此，智库合作有了自组织网络。在中国政府大力推动新型智库建设的大背景下，双方智库人员交流更具规模和系统化，交流的频率、产生的成果均超以往。

教育交流合作也取得积极进展。截至2021年，中国与中东欧国家合作建立了37所孔子学院和55个孔子课堂[1]，孔院总部设立的来华夏令营、"汉语桥"中文比赛、"孔子新汉学计划"等多个项目，受到各

---

[1] 中国—中东欧国家合作秘书处：《中国—中东欧国家合作十年》，2022年12月，第28页。

国青年学生热烈欢迎。从 2016 年开始，孔院总部连续举办四届特别设立的"中东欧国家孔子学院夏令营"。至 2021 年，中国和中东欧国家举办了两届中国—中东欧国家青年政治家论坛、举办了四届"未来之桥"中国—中东欧青年研修交流营活动，丰富和活跃了各国的青年交流。

中国和中东欧国家在校际交流合作、学历学位互认、双向留学、语言教学合作、地方合作等方面取得了一系列成果。中国已与 11 个中东欧国家签订了相关教育合作协议（保加利亚、捷克、拉脱维亚、匈牙利、爱沙尼亚、立陶宛、波兰、罗马尼亚、塞尔维亚、斯洛伐克、斯洛文尼亚），同 11 个中东欧国家签署互认高等教育学历学位协议。[①] 需要强调的是，大部分中东欧国家孔子学院是在中国—中东欧国家合作确立后设立的。

---

① 中国—中东欧国家合作秘书处:《中国—中东欧国家合作十年》，2022 年 12 月，第 28 页。

◆ 第三章 政策实践分析：中国—中东欧国家合作国别区域视角 ◆

表3-3 中东欧国家孔子学院开设情况

国家	孔院名称	中方合作院校	开设情况
阿尔巴尼亚	地拉那大学孔子学院	北京外国语大学	2013年11月18日，由阿尔巴尼亚地拉那大学和北京外国语大学合办的首家孔子学院在地拉那大学正式揭牌成立
保加利亚	索非亚孔子学院	北京外国语大学	索非亚孔子学院成立于2006年6月并于2007年6月正式运营，由北京外国语大学与保加利亚索非亚大学合作共建，是保加利亚乃至巴尔干地区成立最早的孔子学院
保加利亚	大特尔诺沃大学孔子学院	中国地质大学	保加利亚大特尔诺沃大学孔子学院成立于2012年10月。在大特尔诺沃大学的帮助下，孔子学院已在保加利亚14座城市开设了汉语课和中国文化课
捷克	帕拉斯基大学孔子学院	北京外国语大学	2007年9月26日，帕拉斯基大学孔子学院举行开幕仪式。帕拉斯基大学是捷克最早引入汉语课程的高校之一，在20世纪50年代就开设了汉语专业，1993年开办汉语课程
捷克	布拉格金融管理大学孔子学院	中国计量大学	2018年11月6日，布拉格金融管理大学与中国计量大学共同签署了合办布拉格金融管理大学孔子学院合作协议
克罗地亚	萨格勒布大学孔子学院	上海对外经贸大学	萨格勒布大学孔子学院成立于2012年5月19日，主要特色课程包括汉语、书法、绘画、中国象棋、太极、商务汉语等课程
爱沙尼亚	塔林大学孔子学院	上海财经大学	2010年2月，塔林大学孔子学院正式揭牌成立

75

续表

国家	孔院名称	中方合作院校	开设情况
匈牙利	罗兰大学孔子学院	北京外国语大学	罗兰大学孔子学院成立于2006年，该孔子学院向社会提供各种各样的课程，如华为公司员工语言课程、HSK备考培训班、阅读、听力及商务汉语培训班等。罗兰大学孔子学院也为匈牙利多所大学提供汉语分课程，目前为8所匈牙利大学开设汉语课程。学院还提供中国书法、中国烹饪、太极拳等培训课程
	佩奇大学中医孔子学院	河北联合大学	2015年3月27日，河北联合大学与匈牙利佩奇大学共建的佩奇大学中医孔子学院在匈牙利佩奇市举行揭牌仪式。是河北联合大学在海外设立的首家中医孔子学院，也是中东欧地区第一所以中医为特色的孔子学院
	赛格德大学孔子学院	上海外国语大学	赛格德大学孔子学院诞生于2012年10月，是国家汉办在匈牙利最早成立的孔子学院之一，由上海外国语大学和赛格德大学共建
	米什科尔茨大学孔子学院	北京化工大学	2013年8月24日，匈牙利米什科尔茨大学孔子学院揭牌仪式及落成庆典在米什科尔茨大学行政楼举行。孔院由国家汉办和米什科尔茨大学合办，其中方合作院校为北京化工大学
	德布勒森大学孔子学院	天津外国语大学	2019年11月15日，德布勒森大学孔子学院在匈牙利第二大城市德布勒森正式揭牌。这是匈牙利成立的第五所孔子学院，由天津外国语大学与德布勒森大学合作共建

◆ 第三章 政策实践分析：中国—中东欧国家合作国别区域视角 ◆

续表

国家	孔院名称	中方合作院校	开设情况
拉脱维亚	拉脱维亚大学孔子学院	华南师范大学	拉脱维亚大学孔子学院揭牌于2011年11月4日，是中方在拉脱维亚合办的第一所汉语教学和中国文化研修机构
立陶宛	维尔纽斯大学孔子学院	辽宁大学	维尔纽斯大学孔子学院筹建工作始于2008年9月，经中国驻立陶宛大使馆、国家汉办以及立陶宛驻中国大使馆的多方运筹，中国辽宁大学与立陶宛维尔纽斯大学建立友好合作关系，开展了一些富有成效的工作，为建设维尔纽斯孔子学院工作奠定良好基础。2010年2月，维尔纽斯大学与中国国家汉办正式签订合作共建维尔纽斯大学孔子学院协议。同年3月，维尔纽斯大学与辽宁大学正式签署共建孔子学院执行协议。2010年11月26日，维尔纽斯大学孔子学院的揭牌仪式在维尔纽斯大学举行
北马其顿	圣基里尔·麦托迪大学孔子学院	西南财经大学	2013年9月，在国家汉办、中国驻北马其顿大使馆、圣基里尔·麦托迪学院和西南财大共同建设推动下，圣基里尔·麦托迪大学孔子学院在北马其顿国家图书馆隆重揭牌成立。这是西南财大成立的第一所孔子学院，也是中国在北马其顿合办的第一所孔子学院
黑山	黑山大学孔子学院	长沙理工大学	2014年9月2日，由长沙理工大学和黑山大学合办的孔子学院正式揭牌成立

77

续表

国家	孔院名称	中方合作院校	开设情况
波黑	萨拉热窝大学孔子学院	西北师范大学	2015年4月2日，西北师范大学和萨拉热窝大学合作创办的孔子学院在萨拉热窝揭牌，这是在波黑成立的第一所孔子学院
波黑	巴尼亚卢卡大学孔子学院	天津职业技术师范大学	2018年2月10日，波黑巴尼亚卢卡大学孔子学院在波黑塞族共和国首府巴尼亚卢卡揭牌，这是中国在波黑合办的第二所孔子学院，由中国天津职业技术师范大学与巴尼亚卢卡大学合作建设
波兰	克拉科夫孔子学院	北京外国语大学	波兰克拉科夫孔子学院是国家汉办与波兰雅盖隆大学合作组织的波兰第一所孔子学院，由北京外国语大学具体承办。2006年9月29日，双方签署了合作协议，孔子学院于2006年12月正式启动
波兰	密茨凯维奇大学孔子学院	天津理工大学	2008年6月14日，密茨凯维奇大学孔子学院揭牌成立，是继克拉科夫孔子学院成立后的波兰国内第二所孔子学院
波兰	弗洛茨瓦夫大学孔子学院	厦门大学	波兰弗洛茨瓦夫大学孔子学院于2008年4月1日签署协议，2008年12月2日正式启动，由波兰弗洛茨瓦夫大学与中国厦门大学合作成立
波兰	奥波莱孔子学院	北京工业大学	奥波莱孔子学院是北京工业大学与波兰奥波莱工业大学共建的孔子学院。自2008年挂牌成立以来，经过10多年的建设，奥波莱孔子学院目前拥有全职人员9名，其中波方人员4名，中方人员5名；共开设4个商务汉语班、26个大学生汉语班、13个中学生汉语班和11个小学生汉语班；学员总数超过500人

◆ 第三章 政策实践分析：中国—中东欧国家合作国别区域视角 ◆

续表

国家	孔院名称	中方合作院校	开设情况
波兰	格但斯克大学孔子学院	中国青年政治学院	2015年9月21日，格但斯克大学孔子学院揭牌仪式在波兰举行。中方合作院校为中国青年政治学院
	华沙理工大学孔子学院	北京交通大学	2019年9月24日，波兰华沙理工大学孔子学院举行揭牌仪式，这是波兰首都华沙理工大学孔子学院，由华沙理工大学和北京交通大学合作建立
罗马尼亚	锡比乌大学孔子学院	北京语言大学	罗马尼亚锡比乌大学孔子学院是罗马尼亚首家孔子学院。2007年，由北京语言大学和锡比乌奇安布拉卡大学合作建立，曾于2014年获评"先进孔子学院"。孔院已在康斯坦察、皮特什蒂、德瓦、白头山、丘克等城市开办了多个教学点，2017年学员人数达到4000余人次
	布加勒斯特大学孔子学院	中国政法大学	2013年3月19日，布加勒斯特大学孔子学院正式揭牌成立，中方合作院校为中国政法大学
	特兰西瓦尼亚大学孔子学院	沈阳建筑大学	2012年3月26日，沈阳建筑大学和罗马尼亚特兰西瓦尼亚大学合办的孔子学院举行揭牌仪式
塞尔维亚	贝尔格莱德大学孔子学院	中国传媒大学	贝尔格莱德大学孔子学院于2006年8月正式揭牌成立，是中国在塞尔维亚的第一所孔子学院
	诺维萨德大学孔子学院	浙江农林大学	塞尔维亚诺维萨德大学孔子学院成立于2014年5月，是国家汉办继贝尔格莱德大学孔子学院之后在塞尔维亚建立的第二所孔子学院

79

续表

国家	孔院名称	中方合作院校	开设情况
斯洛伐克	布拉迪斯拉发孔子学院	天津大学	2007年5月17日，布拉迪斯拉发孔子学院在斯洛伐克技术大学正式揭牌
	马杰伊贝尔大学商务孔子学院	东北财经大学	斯洛伐克马杰伊贝尔大学商务孔子学院2018年10月29日获国家汉办的批准，于2019年9月揭牌并正式开展汉语教学活动。孔子学院设立在马杰伊贝尔大学经济学院，发挥两校的学科优势，在斯洛伐克培养本土财经管理人才
斯洛文尼亚	卢布尔雅那大学孔子学院	上海对外经贸大学	2010年6月1日，斯洛文尼亚卢布尔雅那大学孔子学院在卢布尔雅那大学正式挂牌成立。孔子学院展开一系列教学活动，包括开设基础商务汉语课程，举办商务文化讲座和商务体验活动
希腊	雅典商务孔子学院	对外经贸大学	雅典商务孔子学院于2008年6月23日在北京签署协议。2009年10月8日，揭牌仪式在雅典著名的音乐厅举行。雅典商务孔子学院中外合作院校是对外经济贸易大学和雅典经济商业大学
	希腊亚里士多德大学	上海外国语大学	2018年12月5日，上海外国语大学与希腊亚里士多德大学共同签署了共建孔子学院合作协议，标志着双方在希腊共建第二所孔子学院

第三章 政策实践分析：中国—中东欧国家合作国别区域视角

中国与中东欧国家校际交流活跃，目前在中国共有19所高校开设了中东欧国家（包括希腊）的非通用语专业，双向留学规模已经超过1万人[①]，为促进双方教育交流做出了重要贡献。中国和中东欧国家教育合作进入活跃期，中国高校纷纷设立语言教育机构。

表3-4 中国的普通高等学校新设中东欧语种本科专业一览（不完全统计）

年份	专业	学校	小计	合计
2018	波兰语	北京体育大学、吉林外国语大学、浙江越秀外国语学院、浙江外国语学院、四川外国语大学	5	15
	捷克语	北京体育大学、大连外国语大学、长春大学、吉林外国语大学、四川外国语大学	5	
	塞尔维亚语	上海外国语大学、北京体育大学	2	
	罗马尼亚语	北京语言大学	1	
	克罗地亚语	北京体育大学	1	
	匈牙利语	北京体育大学	1	

---

① 中国—中东欧国家合作秘书处：《中国—中东欧国家合作十年》，2022年12月，第28页。

续表

年份	专业	学校	小计	合计
2017	捷克语	浙江越秀外国语学院、浙江外国语学院、四川外国语大学成都学院、西安外国语大学	4	17
	匈牙利语	华北理工大学、四川外国语大学成都学院、西安外国语大学	3	
	罗马尼亚语	天津外国语大学、西安外国语大学	2	
	波兰语	大连外国语大学、长春大学	2	
	保加利亚语	北京第二外国语学院、天津外国语大学	2	
	塞尔维亚语	天津外国语大学	1	
	斯洛文尼亚语	北京第二外国语学院	1	
	斯洛伐克语	北京第二外国语学院	1	
	阿尔巴尼亚语	北京第二外国语学院	1	
2016	波兰语	上海外国语大学、四川大学、天津外国语大学、四川外国语大学成都学院、西安外国语大学	5	15
	捷克语	上海外国语大学、天津外国语大学、广东外语外贸大学	3	
	塞尔维亚语	北京第二外国语学院、广东外语外贸大学	2	
	罗马尼亚语	北京第二外国语学院、河北经贸大学	2	
	匈牙利语	天津外国语大学	1	
	立陶宛语	北京第二外国语学院	1	
	爱沙尼亚语	北京第二外国语学院	1	

续表

年份	专业	学校	小计	合计
2015	匈牙利语	上海外国语大学、北京第二外国语学院、四川外国语大学	3	8
	捷克语	北京第二外国语学院、石家庄经济学院①	2	
	波兰语	北京第二外国语学院	1	
	拉脱维亚语	北京第二外国语学院	1	
	马其顿语	北京外国语大学	1	
2014	无	无	0	0
2013	波兰语	广东外语外贸大学	1	1
2012	无	无	0	0

中国的中东欧国家国别和区域研究经历了快速发展，据不完全统计有45家研究机构，其中大部分是在2012年之后建立，反映出中国高校和教育机构对中东欧研究的重视，也侧面说明中国—中东欧国家合作对国别和区域研究的推动作用是非常明显的。

---

① 2016年3月，石家庄经济学院更名为河北地质大学。资料来源：根据《教育部关于普通高等学校本科专业设置备案和审批结果的通知》（2012—2018年）制作。

表3-5 国内中东欧区域或国别研究机构（不完全统计）[1]

类别	序号	机构名称	成立时间	备注
区域	1	北京大学国际关系学院中东欧研究中心	2010年1月	首家高校相关研究机构
	2	中国社会科学院欧洲研究所中东欧研究室	2011年	中国社会科学院第二家中东欧研究室
	3	北京外国语大学中东欧研究中心	2011年12月	教育部国别区域培育基地
	4	同济大学中东欧研究所	2012年5月	
	5	上海对外经贸大学中东欧研究中心	2012年5月	教育部国别区域培育基地
	6	首都师范大学文明区划研究中心	2012年6月	教育部国别区域研究基地
	7	重庆中东欧国家研究中心	2013年7月	
	8	宁波中东欧国家合作研究院	2016年6月	
	9	河北经贸大学中东欧国际商务研修学院	2016年6月	
	10	四川大学波兰与中东欧问题研究中心	2016年10月	2017年教育部备案国别区域研究中心
	11	中欧陆家嘴国际金融研究院中东欧经济研究所	2017年1月	
	12	南京航空航天大学外国语学院巴尔干地区研究中心	2017年3月	2017年教育部备案国别区域研究中心
	13	浙江大学中东欧研究中心	2017年3月	2017年教育部备案国别区域研究中心

---

[1] 参见徐刚《改革开放40年来的中国（中）东欧研究：基于学科建设的初步思考》，《俄罗斯东欧中亚研究》2020年第1期，本书在此基础上又做了补充。

第三章 政策实践分析：中国—中东欧国家合作国别区域视角

续表

类别	序号	机构名称	成立时间	备注
区域	14	中国—中东欧研究院	2017年4月	境外（匈牙利）注册合作智库
	15	北京第二外国语学院中东欧研究中心	2017年	2017年教育部备案国别区域研究中心
	16	北京交通大学中东欧研究中心	2017年	2017年教育部备案国别区域研究中心
	17	华东师范大学中东欧研究中心	2017年	2017年教育部备案国别区域研究中心
	18	北京外国语大学巴尔干研究中心	2017年	2017年教育部备案国别区域研究中心
	19	辽宁大学俄罗斯东欧中亚研究中心	2017年	2017年教育部备案国别区域研究中心
	20	辽宁大学波罗的海国家研究中心	2017年	2017年教育部备案国别区域研究中心
	21	北京语言大学中东欧研究中心	2017年12月	2017年教育部备案国别区域研究中心
	22	贵州大学波罗的海区域研究中心	2017年12月	2017年教育部备案国别区域研究中心
	23	西南财经大学中东欧与巴尔干地区研究中心	2017年12月	
	24	天津理工大学"一带一路"中东欧研究院	2017年12月	
	25	河北外国语学院中东欧国家研究中心	2018年	
	26	中国—中东欧城市基础设施建设与投资研究中心	2018年	秘书处设在宁波工程学院
	27	广东外语外贸大学中东欧研究中心	2019年3月	
	28	上海社科院维谢格拉德集团研究中心	2021年1月	

续表

类别	序号	机构名称	成立时间	备注
国别	29	北京外国语大学波兰研究中心	2011年12月	2017年教育部备案国别区域研究中心
	30	北京第二外国语学院波兰研究中心	2015年6月	2017年教育部备案国别区域研究中心
	31	东北大学波兰研究中心	2015年6月	
	32	河北地质大学捷克研究中心	2015年11月	2017年教育部备案国别区域研究中心
	33	北京第二外国语学院匈牙利研究中心	2015年11月	2017年教育部备案国别区域研究中心
	34	上海交通大学保加利亚中心	2016年1月	
	35	华北理工大学匈牙利研究中心	2016年6月	2017年教育部备案国别区域研究中心
	36	西安外国语大学波兰研究中心	2016年12月	2017年教育部备案国别区域研究中心
	37	浙江金融职业学院捷克研究中心	2017年3月	2017年教育部备案国别区域研究中心
	38	北京外国语大学匈牙利研究中心	2017年5月	2017年教育部备案国别区域研究中心
	39	浙江大学宁波理工学院波兰研究中心	2017年6月	2017年教育部备案国别区域研究中心
	40	西安翻译学院匈牙利研究中心	2017年10月	
	41	北京外国语大学罗马尼亚研究中心	2017年	2017年教育部备案国别区域研究中心
	42	北京外国语大学阿尔巴尼亚研究中心	2017年	2017年教育部备案国别区域研究中心
	43	北京外国语大学保加利亚研究中心	2018年4月	2017年教育部备案国别区域研究中心

续表

类别	序号	机构名称	成立时间	备注
国别	44	河北经贸大学塞尔维亚研究中心	2018年6月	
	45	南京师范大学法学院斯洛伐克法律研究中心	2018年12月	

注：（1）成立时间仅标为2017年的中心为申报2017年教育部备案国别区域研究中心前后成立的。（2）其他如斯拉夫、黑海等同中东欧相关或部分重合的研究中心以及希腊研究中心未列入。

友好城市建设进入快速发展时期。截至2018年12月31日，中国和中东欧17国共结好173对友城。中匈友城数量排名第一（38对），然后是波兰（36对）和罗马尼亚（35对）。从20世纪80年代到2012年的30年时间里总共结好94对友城，而2012年至2018年的6年时间里总共结好79对，2012年至2022年新缔结友好省市105对。[①]

[①] 中国—中东欧国家合作秘书处：《中国—中东欧国家合作十年》，2022年12月，第3页。

表3-6 中国—中东欧友好城市建设情况
（2001—2020）（部分统计）

省区直辖市	中方城市/省份	外方城市/省份	国别	结好时间
广东省	广东省	西滨海省	波兰	2001年7月12日
上海市	上海市	康斯坦察县	罗马尼亚	2002年4月15日
湖南省	衡阳市	克勒拉什市	罗马尼亚	2002年10月15日
上海市	上海市	布拉迪斯拉发州	斯洛伐克	2003年11月10日
山东省	青岛市	克莱佩达市	立陶宛	2004年5月30日
北京市	北京市	雅典	希腊	2005年5月10日
北京市	北京市	布达佩斯	匈牙利	2005年6月16日
北京市	北京市	布加勒斯特	罗马尼亚	2005年6月21日
广东省	广州市	维尔纽斯市	立陶宛	2006年10月12日
山东省	泰安市	科孚市	希腊	2006年12月16日
福建省	福州市	科沙林市	波兰	2007年5月19日
北京市	北京市	地拉那	阿尔巴尼亚	2008年3月21日
广东省	东莞市	萨洛尼卡市	希腊	2008年10月24日
浙江省	宁波市	比得哥什市	波兰	2009年9月21日
陕西省	西安市	卡拉马塔	希腊	2009年
广东省	广东省	伊拉克利翁州	希腊	2010年6月4日
湖北省	黄冈市	皮亚塞赤诺市	波兰	2010年6月18日
江苏省	淮安市	普沃茨克市	波兰	2010年7月8日
安徽省	安徽省	乌斯季州	捷克	2010年7月19日
甘肃省	阿尔巴县	塞贝什市	罗马尼亚	2011年9月27日
浙江省	杭州市	马拉松市	希腊	2012年3月26日

◆ 第三章　政策实践分析：中国—中东欧国家合作国别区域视角 ◆

续表

省区直辖市	中方城市/省份	外方城市/省份	国别	结好时间
上海市	上海市	布达佩斯	匈牙利	2013年8月28日
浙江省	宁波市	瓦尔纳市	保加利亚	2015年11月26日
湖南省	湖南省	比斯特里察省	罗马尼亚	2016年3月25日
浙江省	台州市	凯尔采市	波兰	2016年10月
湖南省	益阳市	米济尔市	罗马尼亚	2016年11月10日
湖南省	湖南省	绍莫吉州	匈牙利	2016年
广东省	珠海市	格丁尼亚市	波兰	2017年5月17日
上海市	上海市	布拉格市	捷克	2017年5月17日
上海市	长宁区	索波特市	波兰	2017年6月12日
安徽省	安徽省	加兹—纳杰孔—索尔诺克州	匈牙利	2017年6月12日
重庆市	重庆市	马里博尔市	斯洛文尼亚	2017年6月21日
黑龙江省	哈尔滨市	罗基什基斯市	立陶宛	2017年6月26日
广西壮族自治区	防城港市	热舒夫市	波兰	2017年7月13日
江苏省	江苏省	摩拉维亚—西里西亚州	捷克	2017年7月17日
云南省	昆明市	奥洛莫茨市	捷克	2017年9月11日
北京市	北京市	里加市	拉脱维亚	2017年9月15日
云南省	云南省	巴奇—基什孔州	匈牙利	2017年11月16日
福建省	福建省	奥洛莫茨州	捷克	2017年12月14日
山西省	山西省	摩拉维亚—西里西亚州	捷克	2018年4月9日
上海市	上海市	贝尔格莱德市	塞尔维亚	2018年5月21日

续表

省区直辖市	中方城市/省份	外方城市/省份	国别	结好时间
江西省	南昌市	马里博尔市	斯洛文尼亚	2018年6月13日
河北省	唐山市	斯梅代雷沃市	塞尔维亚	2018年6月26日
江苏省	沭阳县	丘普里亚市	塞尔维亚	2018年7月7日
宁夏回族自治区	银川市	蒙塔纳市	保加利亚	2018年9月20日
江苏省	宿迁市	奥内什蒂市	罗马尼亚	2018年9月21日
海南省	海南省	普洛夫迪夫大区	保加利亚	2018年10月19日
江苏省	江苏省	伊尔福夫省	罗马尼亚	2018年11月1日
浙江省	宁波市	维斯普雷姆市	匈牙利	2019年5月29日
湖北省	宜昌市	塔古玖市	罗马尼亚	2020年6月2日
湖北省	宜昌市	肖普朗市	匈牙利	2020年6月2日
湖北省	宜昌市	特热比奇市	捷克	2020年6月3日

资料来源：根据网络信息整理。

投资和经贸合作等务实合作也取得一定效果，但各国感受不一，落地情况不均。双方还有一些潜在的领域如高科技、绿色、金融等合作还有很大潜力去挖掘。人文和经贸取得进展与合作框架的定位有很大关系，是务实合作的两个支柱。

在双边的合作意愿上，以我为主还是共同拉动仍是个问题。就中国和中东欧国家合作来说，双边合作应相向而行，共同助力和推动在不同领域取得成果。但本质上来说，中国的拉动仍在双边合作中扮演重要角色。未来的中国与中东欧国家间合作，应从供应与需求的逻辑出发，思考我们能为中东欧国家提供什么，它们的需求又是什么。在此基础上，中方应创造条件，进一步发挥中东欧国家的主动性和创造性，拉动双边关系再上新台阶。

二 拉动（次）区域合作是目标

（一）作为中国投资机遇的中东欧区域

中东欧是欧洲一个比较特殊的区域，具有自身的发展特色。（中）东欧国家自东欧剧变之后，向中国展示出一次较大的投资机遇，20世纪90年代的转型时期，中东欧各国纷纷进行私有化改革，实行市场开放政策，在不同程度上对外资提供优惠。但这一窗口期非常短暂，随着这些国家"回归"西方步伐加快，机遇期随之结束。

随着中国对外开放的全面铺开以及"十五"计划时期（2001—2005）"走出去"的启动，中国开始在全球市场寻找投资机会。"十一五"时期（2006—2010），中国的投资区域明显由港澳、北美、西欧向亚太、非洲、拉美、中东欧等地转移，中东欧地区投资潜力开始得到中国投资者的重视。希腊主权债务危机引发了欧元区持续动荡，进而对中东欧的经济发展产生重要影响。就投资机遇来说，中东欧向中国展示了一个新的"窗口期"，具体表现为下列几点。

首先，债务危机直接促成中东欧国家投资环境的改变。2010年欧元区债务危机直接伤害到中东欧区域，导致该区域国家经济增长放缓。联合国《2012年世界投资报告》针对2011年的调查指出，在欧洲经济发展前景不明朗、全球金融市场持续动荡以及大部分新兴经济体经济增长放缓的背景下，很多国家采用吸引外部直接投资作为促进经济增长的手段，使得2011年全球范围内一些国家的投资环境非常有利于外部投资者。据统计，比之2010年，对外部直接投资采取限制性政策国家的比例明显下降，约从32%下降到22%，而针对投资自由化和投资促进的具体政策越来越指向一些具体产业，如电力、天然气和水供

◆ 第三章 政策实践分析：中国—中东欧国家合作国别区域视角 ◆

应、交通运输和通信等。① 中东欧国家表现得尤为明显，它们纷纷把投资促进作为拉动经济增长的手段。受此影响，对该区域的外部直接投资意愿显著增强。联合国贸易和开发会议2012年对世界跨国公司的调查表明，新欧盟12国（10个中东欧国家+塞浦路斯和马耳他）成为投资的热点之一，紧随东南亚、欧盟15国、北美、拉美之后，领先于西亚、北非、撒哈拉以南非洲和部分发展中国家。②

其次，中东欧国家开始多元化其对外经济合作选择。受债务危机影响，欧元区在中东欧的投资国希腊、意大利等的部分投资行为难以为继，造成大量经营不善的资产，这些情况为外部投资介入提供了机会。同时，欧元区危机的外溢已经严重影响到中东欧国家的经济增长和社会稳定，中东欧国家寻求向东方国家（如俄罗斯和中国）寻求更密切的合作机会来推动经济增长。中东欧国家将改善交通基础设施、推进

---

① UNCTAD, World Investment Report, 2012, p. xix。转引自刘作奎《新形势下中国对中东欧国家投资问题分析》，《国际问题研究》2013年第1期。

② UNCTAD, World Investment Prospects Survey 2010 – 2012, p. 12。转引自刘作奎《新形势下中国对中东欧国家投资问题分析》，《国际问题研究》2013年第1期。

电力等清洁能源建设、大力发展信息技术和通信产业作为吸引投资的主要政策领域,鉴于中国在上述领域投资基础较好以及部分先发优势,一些中东欧国家纷纷争取中国的投资。

最后,中东欧对欧战略依赖是绝对的,对外需求则存在"窗口期"。欧债危机事实上没有对资本主义制度构成根本性挑战,而主要是欧元区内部的结构性危机,尽管危机仍在持续,但经过欧元区内部结构调整与磨合,欧债危机的严峻形势预期未来几年会有所缓解。中东欧对外部的依赖则是相对的、具有补充性的。欧洲内部形势好转了,欧洲大国与中东欧的联系、互动再度恢复,则中东欧国家对欧洲的依存度会再度提升,它们向外界展示的投资机遇将相对收窄。中东欧这一轮投资机遇只是在欧债危机背景下出现的一个"窗口期"。对中国乃至中欧经贸关系来说,抓住这一"窗口期"殊为重要。

(二)中国对中东欧区域政策的进程和调整

总体来看,中国对中东欧政策自 2011 年开始酝酿、2012 年正式启动至今 10 多年时间,经历启动期、快速发展时期,也步入过深水期直至沉默期。[1]

1. 启动期(2011—2012)的贸易和投资合作定位

从启动期来看,中国对中东欧的定位是非常明确的,将该区域列为投资的机遇之地,发展中欧关系的新潜力之地,中国发展跨区域合作的实践之地。

2011年6月,国务院总理温家宝访问匈牙利时,与中东欧各国领导人一起正式开启中国—中东欧国家经贸合作。6月25日在匈牙利科学院举办的首届经贸论坛上,温家宝在发言中明确强调了下列几点。

首先是中东欧国家的贸易跳板作用。"中东欧国家可以成为中欧合作的桥头堡。中东欧国家位于欧洲心脏地带,交通四通八达,是联系东西方市场的桥梁。中国企业到中东欧国家发展转口贸易和投资合作,可以节约大量商务成本,可以融入欧盟内部的产业分工体系,可以利用欧盟的优惠政策共同开拓西欧

---

[1] 刘作奎:《中国—中东欧国家合作的发展历程与前景》,《当代世界》2020年第4期。

市场，实现互利共赢。"

其次是中国企业"走出去"的机遇之地。"无论是实施外贸市场多元化战略，还是实施企业'走出去'战略，我们都把中东欧地区作为战略重点。"中国要加大对中东欧基建投资力度，成立专门的投资基金。

最后是借重同中东欧国家的传统友谊。"中国珍视与中东欧国家长期培育的深厚友谊，始终把中东欧国家看成可信赖的朋友和重要合作伙伴。"[1]

在促进经贸和投资合作目标驱动下，中国和中东欧国家合作一开始就具有很强务实性，开辟了多个领域合作。在前期酝酿基础上，中国—中东欧国家合作于2012年正式启动。

2012年4月26日，国务院总理温家宝在华沙与16个中东欧国家[2]领导人共同举行中国—中东欧国家领导人会晤。在会晤中，温家宝表示，举行中国和中东欧国家领导人会晤，在历史上还是第一次。我是带

---

[1] 《巩固传统友谊 促进共同发展——在中国—中东欧国家经贸论坛上的致辞》，2011年6月25日，http://www.gov.cn/govweb/ldhd/2011-06/26/content_1892867.htm。

[2] 16个中东欧国家包括波兰、匈牙利、捷克、斯洛伐克、爱沙尼亚、拉脱维亚、立陶宛、罗马尼亚、保加利亚、克罗地亚、斯洛文尼亚、塞尔维亚、黑山、波黑、北马其顿、阿尔巴尼亚。

◆ 第三章 政策实践分析：中国—中东欧国家合作国别区域视角 ◆

着增进友谊，加强合作的愿望而来的……中国和中国人民始终铭记中东欧国家曾经给予的宝贵帮助和支持。这种传统友谊是双方共同的宝贵财富。温家宝指出，面对全球化快速发展，国际金融危机以及欧债问题带来的严峻挑战，中国和中东欧国家都有进一步密切关系，深化合作的强烈愿望。①

4月26日，温家宝在波兰华沙出席中国—中东欧国家经贸论坛时指出，中国与中东欧国家虽然在社会制度、国情、文化等方面存在差异，但这些都不会改变我们发展友好关系的共同愿望和坚定信念。只要双方坚持相互尊重、平等相待、互利合作，就一定能巩固传统友谊，实现共同发展。……中方愿以最大的诚意，深化与中东欧国家的友好关系，大力提升务实合作水平，造福双方人民。双方要扩大合作规模，拓展合作领域，健全合作机制，夯实合作基础。在合作中具体设定下列举措。

首先是相互扩大市场开放，力争贸易额到2015年达到1000亿美元。其次是扩大在建设、投资、基础设

---

① 《温家宝出席中国—中东欧国家领导人会晤》，2012年4月27日，http://www.china-ceec.org/ldrhw/2012hs/hdxw/201610/t20161017_6809917.htm。

施、旅游、教育、青年等领域的全方位交流合作，建议成立"交通网络建设专家咨询委员会"、中国—中东欧国家旅游促进联盟，中方将设立中国—中东欧国家合作秘书处。再次是为推进同中东欧国家的务实合作，中国政府决定设立100亿美元的专项信贷额度，配备一定比例的优惠性贷款，重点用于支持双方在基础设施、高新技术、绿色经济等领域的合作项目；发起设立中国—中东欧投资合作基金；根据中东欧国家实际情况和需求，推动中国企业在5年内同各国合建一个经济技术园区。最后是5年内向中东欧国家提供5000个奖学金名额，邀请1000名学生来中国研修汉语，派出1000名中国学生和学者赴中东欧国家学习交流。[①]

合作启动后，在中东欧的交通运输（港口、机场、道路）、本地组装和分销网络（建设产业园）以及后勤设施（海运、航运投入以及集装箱公司、电信网络）建设领域，已经能够看到越来越多中国投资者的身影。随着中国在中东欧绿地投资、并购、合资等日益增多，

[①] 《温家宝出席中国—中东欧国家经贸论坛并发表重要讲话》，2012年4月27日，http://www.china-ceec.org/ldrhw/2012hs/hdxw/201610/t20161017_6809913.htm。

中国企业已经尝试将具体的生产模式落地中东欧（如基础设施建设、机械制造、信息和服务业等），把中东欧作为产品升级、销售（分销）中心，实现中国产品生产、流动、销售和品牌塑造在中东欧本土化。

2. 快速发展时期（2013—2017）的互联互通合作定位

中国—中东欧国家合作启动的第二年，中国政府正式提出"一带一路"倡议，互联互通成为新的合作热点。"一带一路"倡议是"中国今后相当长时期对外开放和对外合作的管总规划"[1]。中国—中东欧国家合作也主动对接合作倡议，同时把中东欧列入倡议的重点区域，最终也成为"一带一路"建设在欧洲落地成果最多的区域。在互联互通合作中，经贸和投资合作仍占据主要位置，成为务实合作的主要推动力和抓手。

2015年11月，国家主席习近平在集体接见来华参加峰会的中东欧国家领导人时强调：中国同中东欧国家要本着互利共赢、开放包容的精神，加强各领域的互利合作。一是实现"16+1合作"同"一带一

---

[1] 中共中央宣传部、中华人民共和国外交部：《习近平外交思想学习纲要》，人民出版社、学习出版社2021年版，第89页。

路"建设充分对接。中方欢迎16国遵循共商共建共享的原则共同参与"一带一路"建设,实现共同发展和共同繁荣。中方支持中欧互联互通合作尽早在"16+1合作"框架内开花结果。二是实现"16+1合作"同中欧全面战略伙伴关系全面对接。中方坚定支持欧洲一体化进程,希望欧洲团结、稳定、繁荣。"16+1合作"是中欧全面战略伙伴关系的重要组成部分和有益补充,完全可以为构建中欧和平、增长、改革、文明四大伙伴关系做出应有贡献。三是实现"16+1合作"同各自发展战略有效对接。中国同中东欧国家在发展理念、务实合作、改善民生等方面目标高度契合,加强合作符合大家的共同利益。中方支持将"16+1合作"同各自发展进程结合起来,对接发展规划和战略,将各自合作需求转化为看得见、摸得着的合作项目,实现优势互补、共同发展。[①]从上述具体表述看,推进"一带一路"建设和中欧关系无疑被中国—中东欧国家合作列入了重点。

[①] 《习近平集体会见出席第四次中国—中东欧国家领导人会晤的中东欧国家领导人》,2015年11月26日,http://cpc.people.com.cn/n/2015/1126/c64094-27860904.html?_t=1448584959349。

◆ 第三章 政策实践分析：中国—中东欧国家合作国别区域视角 ◆

中东欧国家得以充分发挥地缘方面优势，成为推动互联互通的重要枢纽。匈塞铁路、中欧陆海快线项目纷纷上马，提升了合作的热度和水平。中欧班列在中东欧国家的陆续开通，使得中欧陆上运输获得历史性发展。中国在巴尔干地区也落地了多个基建项目，推动了当地基础设施的发展。继"务实合作"外，"互联互通"成为中国—中东欧国家合作的另一个"关键词"。

中东欧国家全部被纳入"一带一路"倡议框架下，也是"一带一路"倡议沿线国家中唯一全部被纳入该框架的区域，凸显了中东欧地区在"一带一路"倡议中的重要性。中国和中东欧国家积极在中东欧地区推进"五通"，取得了显著成果，努力将中国—中东欧国家合作打造成"一带一路"倡议融入欧洲经济圈的重要"接口"。①

（1）中国—中东欧国家合作为推进中欧的互联互通打下良好基础

中国—中东欧国家合作推进中欧互联互通主要体

---

① 《习近平会见波兰总理希德沃》，2017 年 5 月 12 日，http://cpc.people.com.cn/n1/2017/0512/c64094-29271761.html。

现在两个方面,一是基础设施的"硬联通",二是推进相互交流的"软联通"。在推进"硬联通"方面,中国—中东欧国家合作过去十几年主要做了下列几个方面工作。

首先是积极推进亚欧大通道建设。亚欧大通道建设是一个横跨亚欧大陆的总体规划,连接欧洲核心市场是主要目标,中东欧国家又是沟通欧洲核心市场的重要纽带,基于此,中国—中东欧国家合作一直在推进亚欧大通道建设上发挥重要作用。在中国—中东欧国家合作推动下,国内陆续开通了多条通往或者到达中东欧国家的班列。

2014年国家发改委和中国铁路总公司分别牵头在重庆和郑州召开了两次重要的协调会议;2016年10月,国家发改委在前期广泛调研和论证的基础上发布了《中欧班列建设发展规划(2016—2020)》(以下简称《规划》)。《规划》明确了中欧铁路运输通道、枢纽节点和运输线路的空间布局,统筹利用中欧铁路东中西三条国际联运通道,按照铁路"干支结合、枢纽集散"的班列组织方式,在内陆主要货源地、主要铁路枢纽、沿海重要港口、沿边陆路口岸等地规划设立43个枢纽节点，建设发展43条运行线，并提出完善国际贸易通道、加强物流枢纽设施建设、加大货源整合力度、创新服务模式、建立完善价格机制、构建信息服务平台、推进便利化大通关等七大任务，着力优化运输组织及集疏运系统，提高中欧班列运行效率和效益。

其次是积极推进中欧陆海快线建设。中欧陆海快线则是中欧海上丝绸之路建设的标志性工程。它是由中国南部沿海城市出发，经过海运到地中海至希腊的比雷埃夫斯港（以下简称"比港"）。通过比港，中国货轮可以直接穿过红海、苏伊士运河在比港卸货，经由希腊—北马其顿—塞尔维亚—匈牙利铁路直接将货物运送到欧洲腹地。该线路开辟了中国到欧洲距离最短的海运航线，使中国货物抵达欧洲的海运时间缩短了7—11天。2014年12月李克强总理访问塞尔维亚时，与相关各方会商，确定了以上述线路为基础建立中欧陆海快线的规划。

在中欧陆海快线建设中，匈塞铁路是关键环节。在2013年贝尔格莱德峰会上，中、匈、塞三方宣布共同建设匈塞铁路，打造中欧海陆联运新支点。匈塞铁路是一个多方合作项目。2017年11月28日，匈塞铁路塞尔维亚段正式开工建设。2015年11月24日，中匈两国政府签署了《关于匈塞铁路项目匈牙利段开发、建设和融资合作的协议》。2016年4月12日，匈牙利议会以123票支持、6票反对以及45票弃权的结果通过了更新布达佩斯—贝尔格莱德铁路匈牙利段的决定。

最后是积极推进同欧盟及相关国家各种基础设施建设的对接合作。迄今为止，中国积极推进同欧洲国家尤其是中东欧国家的发展政策相对接。比如匈牙利的"向东开放"政策与"一带一路"倡议对接，波兰和克罗地亚的"三海合作"（波罗的海、黑海、亚得里亚海）倡议与"一带一路"倡议相对接等。在欧盟层面上，中欧双方还积极推进容克投资计划与"一带一路"倡议相对接，建立中欧互联互通平台等一系列举措。除匈塞铁路外，其他基建的标志性成果也逐渐成型，塞尔维亚的泽蒙—博尔察大桥、黑山南北高速公路、北马其顿高速公路、黑山巴尔市至塞尔维亚边境的公路项目、克罗地亚佩列沙茨大桥等。这些项目不仅仅是中国与中东欧国家间的标志性成果，同时也是"一带一路"倡议连通亚欧大陆的计划的一部分,并为中国货物出口的运输提供了更多的可选方案。

在推进中欧互联互通的"软联通"方面,中国—中东欧国家合作也做了大量工作。在中欧班列"软联通"方面,中国和中东欧国家正积极推进铁路管理部门、海关、检验检疫通力合作,加强铁路沿线国家的协作,形成中欧班列运行合力,简化流程,提高通过速度,减少运输时间和提高运营效率。具体举措如下。

首先是加强沿线国家海关国际合作。与中欧班列沿线国家海关建立国际合作机制,推进信息互换、监管互认、执法互助的海关合作,扩大海关间监管结果参考互认、商签海关合作协定等,推行中欧"经认证经营者"互认合作,提高通关效率。

其次是推进检验检疫一体化。加强沿线国家检验检疫国际合作,推进疫情区域化管理和互认,在中欧班列沿线区域打造无特定动植物疾病绿色通道,在班列沿线检验检疫机构间实施"通报、通检、通放",实现沿线"出口直放、进口直通",对符合条件的中欧班列集装箱货物实施免于开箱查验、口岸换证等政策。

最后是进一步扩大口岸开放。支持有条件的地方建设进境肉类、水产品、粮食、水果、种苗、汽车整车、木材等国家指定口岸,对符合国家要求的,优先审批,优先安排验收。

在海上丝绸之路建设方面,2014年,中国、匈牙利、塞尔维亚、马其顿等四国签署了《中国、匈牙利、塞尔维亚和马其顿海关通关便利化合作框架协议》,以期简化协调海关手续、降低口岸查验率等。此后,中国和中东欧各国海关也积极加强沟通协调,2017年6月8日,中国和中东欧国家海关合作论坛在宁波举办。它是中国海关与中东欧国家海关间的正式合作论坛,对于促进中国和中东欧国家海关间"信息互换、监管互认、执法互助",进而提升中国与中东欧国家贸易便利化水平具有深远的意义。

(2) 中国—中东欧国家合作积极为"一带一路"倡议提供资金保障

推进"一带一路"倡议在欧洲的建设,离不开资金支持,在中国—中东欧国家合作框架推动下,中国出台各种融资支持举措。

首先是出台各种金融支持工具：一是100亿美元专项贷款。在2012年4月中国与中东欧国家领导人华沙会晤上，国务院总理温家宝提出了推动中国和中东欧国家合作的12项举措，其中包括设立100亿美元专项贷款，100亿美元专项贷款中配备一定比例的优惠性质贷款，重点用于双方在基础设施建设、高新技术、绿色经济等领域的合作项目。中东欧16国可向中国国家开发银行、中国进出口银行、中国工商银行、中国银行、中国建设银行和中信银行提出项目申请。优惠贷款项目部分主要向中国进出口银行申请，优惠贷款利率为1%—3%，投资的目标国只能是中东欧国家，中国的公司需要参与执行项目，一般需要完成整个项目80%—85%的工作。资助的贷款不需要保险费，只要求受资助方提供较低的行政管理费用。中国公司在中东欧的投资项目如果涉及第三国将得不到此项融资资助。一个项目最大贷款资助额为整个项目的85%，贷款期限为15年，视情况也可延长到20年，需要被贷款国提供主权担保。二是中国—中东欧投资合作基金。2012年4月，在中国—中东欧国家领导人华沙会晤中，国务院总理温家宝还正式提出中国政府发起设立中国—中东欧投资合作基金，并指定中国进出口银行为基金承办单位。2013年11月，李克强总理在出席第二次中国—中东欧国家领导人会晤时，宣布中国—中东欧投资合作基金正式成立。中国—中东欧投资合作基金（一期）最终封闭金额4.35亿美元，于2014年初正式运营。基金采用有限合伙制形式在卢森堡注册成立，有限合伙人主要包括中国进出口银行和匈牙利进出口银行在内的多家国内外投资机构。基金选聘了在中东欧地区具有长期投资管理经验和良好声誉的投资管理团队，专职为基金投资提供咨询顾问服务。2014年12月，李克强总理在出席第三次中国—中东欧国家领导人会晤时，积极评价中国—中东欧投资合作基金（一期），支持中国—中东欧投资合作基金（二期）启动[①]。2015年11月，第四次中国—中东欧国家领导人会晤在中国苏州召开，"启动中国—中东欧投资合作基金二期"被纳入《中国—中东欧国家合作中期规划》。2017年11月的

[①] 《中国—中东欧国家合作贝尔格莱德纲要》，2014年12月16日，http://news.xinhuanet.com/world/2014-12/17/c_1113667695.htm。

布达佩斯峰会上,李克强总理正式宣布中国—中东欧投资合作基金二期完成设立并投入运营。基金二期规模10亿美元,重点支持中东欧国家基础设施、电信、能源、制造、教育及医疗等领域的发展。基金采取各种多元化投资模式,如股权投资、夹层债务或混合金融产品;基金一期单笔投资规模1000—7000万美元。目前,基金投资超过10个重点项目,取得了良好的社会效果,为中国—中东欧国家投资合作和"一带一路"倡议贡献了力量。三是中国—中东欧金融控股有限公司和中国—中东欧基金。2015年11月,中国政府在第四次中国—中东欧国家领导人会晤期间倡议,由中国工商银行牵头,探讨以商业化的金融模式支持成员国之间的互联互通和产能合作。在中国工商银行和中外合作伙伴的共同努力下,在2016年里加举行的第五次中国—中东欧国家领导人会晤期间,李克强总理宣布中国—中东欧金融控股有限公司正式成立。该公司发起设立的中国—中东欧基金规模将达100亿欧元,计划撬动项目信贷资金500亿欧元。中国—中东欧基金坚持"政府支持、商业运作、市场导向"的原则,目标市场定位中东欧国家,并适当延伸至欧洲及符合中国—中东欧国家利益的其他地区，重点关注基础设施建设、高新技术制造、大众消费等行业的投资合作机会。在资金募集方面，波兰、捷克、拉脱维亚等中东欧国家，以及中外资企业、金融机构和各类社会资本均在积极接洽入资。在投资管理方面，除中国工商银行外，还引入了中国人寿、复星集团、金鹰国际集团等合作伙伴。四是中国与中东欧国家关系研究基金。在2012年华沙峰会提出的12项举措中，还包括中方每年提供200万元人民币的中国与中东欧国家关系研究基金，支持双方研究机构和学者开展学术交流。该基金资助了多项课题和多个研讨班，产生了良好的学术和社会反响。

其次是在中东欧建立各种金融分支机构。目前，中国的金融机构如中国银行、中国人民银行和中国工商银行等分别在中东欧多个国家开设分行或分支机构。其中中国银行已经在匈牙利设立分行，并在捷克、波兰和塞尔维亚设立分支机构，中国工商银行在波兰和捷克设立分支机构。

中国银行在匈牙利开设的分行是在中东欧地区开设的第一家营业性金融机构，也是中东欧首家人民币清算行，为中国企业赴该地区投资提供了较大的金融便利。中国银行（匈牙利）有限公司成立之后，在捷克、波兰等中东欧国家相继成立了分行，为各类进出口商提供一站式服务，包括客户资信调查、船情查询、国家风险咨询、产品走势、政策咨询等。截至 2022 年，总计共有 5 家中资银行在 6 个中东欧国家设有 14 家一级机构，3 家中资银行协助中东欧地区发行人发行了 8 只熊猫债，11 家中资银行向 13 个中东欧国家提供了项目贷款，基本实现对中东欧地区全覆盖。[①]

最后是积极加强与国际金融机构的合作。2015 年 12 月，欧洲复兴开发银行批准了中国加入该行的申请，中国正式成为其一员。中国加入欧洲复兴开发银行，为中方与该行在中东欧、地中海东部和南部及中亚等地区进行多种形式的项目投资与合作提供了广阔空间。中国成为该行成员后，积极履行成员义务，参与该行事务，并加强与该行及其他成员在经验分享、联合融资和发展援助等领域的合作。与此同时，欧洲

[①] 中国—中东欧国家合作秘书处：《中国—中东欧国家合作十年》，2022 年 12 月，第 18 页。

复兴开发银行还积极参与到中国—中东欧国家合作机制中，成为该机制的观察员。

3. 深水期（2018—2021）的更综合、更灵活的定位

这一时期，中国—中东欧国家合作进入困难时期。2019年欧盟将中国定位为"制度性对手"，在接续2005年和2006年对中欧关系"合作"和"竞争"的正常定位后，开始将双方关系政治化和价值观化，对中欧关系发展逐渐造成冲击和损害。在"合作伙伴、竞争者、制度性对手"三重定位出台后，欧盟机构和成员国也陆续完成了政策落地过程，这对双边关系带来负面冲击。欧盟质疑中国—中东欧国家合作动机，加大干预力度。开始出台投资安全审查机制，对火电等能源投资项目加强环境审查力度，对未入盟西巴尔干国家加入新限制条件，提防第三方的安全威胁。尤其是欧盟在市场准入、知识产权保护、政府采购等方面日益强调互惠性，并强调同中国合作的对等性，强调中国在中东欧的投资、市场准入等体现在中欧关系上也需要坚持对等原则，必须也允许欧洲企业进入中国基建、能源等市场，承建具体项目等。

第三章 政策实践分析：中国—中东欧国家合作国别区域视角

中美全方位竞争时代到来对中国—中东欧国家合作冲击较大。奥巴马时期美国的"亚太再平衡战略"有遏制中国的目的，但具体实施上强调避免与中国产生直接冲突。特朗普上台后，2017年3月宣布正式终结"亚太再平衡战略"的同时，坚持"美国优先"，向中国发起贸易战，并进入全面的、直接遏制中国的新阶段。与此相应，美国加大对中东欧区域干预力度，高层频频访问中东欧地区，对中东欧国家施加直接压力，以信息安全为由影响中东欧国家对华政策，散播信息安全、"中国威胁论"（锐实力）等论调，宣传中国在中东欧制造"债务陷阱"，造成地缘政治紧张等。在美国压力下，部分中东欧国家对华政策两面性提升，令中国—中东欧国家合作的内外环境明显恶化。

其中，欧美联手加强对"一带一路"建设的限制力度，纷纷出台互联互通倡议，尤其是欧盟2018年出台《联通欧亚：欧盟互联互通战略要素》，[1] 2021年7

---

[1] European Commission, "Joint Communication to the European Parliament, the Council, the European Economic and Social Committee, the Committee: Of the Regions and the European Investment Bank: Connecting Europe and Asia-Building Blocks for an EU Strategy", Brussels, September 19, 2018, JOIN (2018) 31 final.

月出台"全球联通欧洲"文件、[1] 2021 年 12 月提出"全球门户"倡议,[2] 并加强同美国"重建美好世界"方案[3]相协调,对冲中国在互联互通领域影响力和话语权目的越发明确,从而成为中欧博弈的一个重要领域。[4] 欧盟在互联互通上基本采取防中国、抗中国和联中国相结合的方式,这与欧盟整体上将中国视为合作伙伴、竞争者和制度性对手的三重定位是一致的。

中国也积极采取相应举措应对来自欧盟的政策。比如中国投资的火力发电,在中东欧国家受到较大关注,受到西巴尔干国家欢迎,但欧盟积极推动绿色转型,火力发电产业并未列入其产业支持清单当中。2021 年 9 月 21 日,国家主席习近平在北京以视频方

---

[1] Council Conclusion: A Globally Connected Europe, https://data.consilium.europa.eu/doc/document/ST-10629-2021-INIT/en/pdf.

[2] European Commission, "Joint Communication to the European Parliament, the Council, the European Economic and Social Committee, the Committee of the Regions and the European Investment Bank, The Global Gateway", Brussels, 1.12.2021, JOIN (2021), 30 final, https://ec.europa.eu/info/sites/default/files/joint_communication_global_gateway.pdf.

[3] The "Build Back Better World" program - OBOReurope, https://www.oboreurope.com/en/build-back-better-world-b3w/.

[4] A Globally Connected Europe: the EU's Answer to the Belt and Road Initiative? https://www.dandreapartners.com/a-globally-connected-europe-the-eus-answer-to-the-belt-road-initiative/.

◆ 第三章 政策实践分析：中国—中东欧国家合作国别区域视角 ◆

式出席第七十六届联合国大会一般性辩论时表示，"中国将力争2030年前实现碳达峰、2060年前实现碳中和，这需要付出艰苦努力，但我们会全力以赴。中国将大力支持发展中国家能源绿色低碳发展，不再新建境外煤电项目"。这一承诺体现了中国致力于推动全球能源转型、低碳发展和碳中和进程，实现《巴黎协定》目标的决心和引领世界清洁能源发展与治理，在全球气候治理中的大国担当和使命责任。[①]

同时，中国和中东欧合作的基本盘保持了稳定，尤其是在经贸等务实合作领域。在中国—中东欧国家合作推动下，中国同中东欧国家贸易额增加明显。经贸合作增长主要体现在实际贸易的增长以及贸易额在中欧贸易中占比的提升。中国海关公布数据显示，2012年，中国同中东欧国家（不包含希腊）贸易总额为520.6亿美元，而到了2014年，双方贸易额首次突破了600亿美元大关，达到了602.2亿美元，两年增幅达15.7%。2015年，中国同中东欧国家贸易总额有所下滑，但2016年，中国与16国贸易逆势增

---

① "大国担当——中国不再新建境外煤电项目"，http://sl.china.com.cn/2022/0407/139665.shtml。

115

长,在中国对外贸易下降6.8%,对欧洲贸易下降3.3%的情况下,实现了与16国贸易9.5%的增长。2019年,中国同中东欧国家(含希腊)贸易额达到了954.52亿美元,同比增长6.91%,与除希腊之外的16个中东欧国家贸易额为869.9亿美元,不仅连续两年突破了800亿美元大关,7年来67.1%的贸易增幅使中东欧成为中国对外贸易不可忽视的增长点。2020年,中国与17国贸易额首次突破千亿美元,达到1034.5亿美元,同比增长8.4%。2021年中国与中东欧国家贸易额达到1335.5亿美元,同比增长29.1%,高于中国与欧盟贸易增速。[1]

但也应看到,由于中东欧国家经济规模相对有限,加上地理遥远因素和文化差异等,中国同中东欧国家贸易占比相对较低,2012年,中国同中东欧16国贸易额仅占中国对外贸易总额的1.35%,占中国对欧贸易额的7.62%。此后7年,中东欧国家在中国对外贸易中的占比逐步上升,到了2019年中国同中东欧国家贸易额占中国对外贸易和对欧贸易的1.9%与

---

[1] 统计数据参考商务部欧洲司网站:http://ozs.mofcom.gov.cn/article/zojmgx/。

9.92%，2021年占对外贸易的2.4%和对欧贸易的16.1%，虽然份额依旧偏低，但占比逐年扩大。[①] 在经贸合作中，维谢格拉德集团国家（波兰、匈牙利、捷克、斯洛伐克）占比最高，存在感较强，而波罗的海国家则占比相对不高，存在感不强。

4. 沉默期（2022— ）坚持有所为有所不为

新冠疫情和2022年爆发的俄乌冲突令中国—中东欧国家合作的政治生态环境彻底发生改变。整个欧洲进入地缘政治时代，使得中国推行的务实合作政策受到明显冲击。自2021年2月举办了中国—中东欧国家领导人峰会后，2022年峰会无法如期举行。俄乌冲突使得合作深受阻碍，部分中东欧国家对中国的对俄政策不满，使得合作的信任氛围出现下降。中东欧国家安全战略也普遍进入转型期。自东欧剧变和苏联解体以来，中东欧国家政策是回归欧洲，获得经济发展机会，而俄乌冲突爆发后，中东欧国家普遍地缘政治化其政策选择，以"融欧亲美"为主要政策方向。在中美博弈背景下，中国—中东欧国家合作备受

[①] 统计数据参考商务部欧洲司网站：http://ozs.mofcom.gov.cn/article/zo-jmgx/。

冲击。作为长期以来一直是大国夹缝中的国家，其地缘政治思维根深蒂固，与中国寻求发展和安全并重不同，安全从来就是大部分中东欧国家压倒一切的利益诉求，先安全后发展是历史传统和惯性形成的。自2022年开始欧洲普遍经历政治生态的"中东欧化"，"逢俄必反"和激活北约的政策使得中欧合作面临重重困难。在此背景下，中国应保持战略耐心，在欧洲新的选举周期来临时，在中东欧国家亟须在战后发展经济、改善民生的情况下，主动推进务实合作项目，努力抓住中国—中东欧国家合作的下一个发展机遇期和窗口期。双方合作在关键议题上仍然需要坚持去政治化、去安全化，中国在充分理解中东欧国家安全关切的基础上继续发展相互尊重、互利共赢的合作关系。而国际传播上则避免在话语叙事上落入"民主与威权对抗"话语叙事当中，强调中国在推进合作中的非地缘政治立场，以及在俄乌冲突中广大发展中国家并没有参与到俄罗斯与西方的任何一个阵营，因此，不存在"民主与威权对抗"的情况。

　　中国—中东欧国家合作经历十多年发展也面临新的转型，需要因应变化的地缘政治形势采取灵活务实的政策。中国—中东欧国家合作尤其要关注合作沉默期间，如何投入维持成本，避免在沉默中失去合作的信心。既要保持战略耐心，推动亚欧大陆这场地缘危机尽早结束，也要在百年未有之大变局中寻找合作机遇，看到中东欧国家的务实合作诉求依然存在，尤其是在后危机时代，搞好民生政治就成为当务之急，可以重点在中东欧国家有需求的小而精的项目上下功夫，用低调务实合作淡化地缘政治色彩，减少对合作带来的冲击。

三 国别和区域的互动分析

既然中国—中东欧国家合作是从双边和多边也就是国别和区域两个维度推动合作的，那么着眼点一定是希望两者能够形成良性循环。也就是好的双边关系发展可能推动多边关系和整个区域关系的发展，进而形成带动效应。而好的区域合作关系的确立又增加了发展双边关系新的维度，成为双边合作的加速器，也有利于整个区域内国家的合作，形成更大的市场规模、合作潜力和经济发展机遇。

实际情况证明，上述逻辑是立得住的，合作早期中东欧国家积极拥护和参与中国—中东欧国家合作就是证明。

然而,地缘政治部分消解了合作的黏性,使得合作整体上受到冲击,也使得双边关系发展也受到影响。具体体现在,波罗的海三国(爱沙尼亚、拉脱维亚、立陶宛)的"退群"形成了逆向示范效应,使合作在不少中东欧国家承受压力。面对来自俄罗斯的"威胁",一些中东欧国家开始调整战略优先重点,对中国—中东欧国家合作的关注度下降。美国主导的部分西方媒体不遗余力的"污名化"宣传也对合作构成了压力。在此背景下,一些国家倾向于立足双边而非中国—中东欧国家合作,一些国家则坚定不移地继续支持合作。总而言之,"双边"和"多边"合作的互促互动是一直存在的,但合作要搞好,必然要求有更多的正向互动,尽量规避或减少负向互动。

第四章 理论分析：中国—中东欧国家合作"双边+多边"模式

一 中国—中东欧国家合作的理论基础

中国—中东欧国家合作遵循什么样的理论，一直是各方比较关注的问题，国内外专家学者们也纷纷提出不同的看法。前文充分论述了中国—中东欧国家合作机制及其政策特点，也为本书探讨其理论特点奠定了基础。总体来看，没有成型和确定的结论，考虑问题的立场不同，形成的理论也就不同。从实践发展来看，不同学者对中国—中东欧国家合作提出了一系列理论设想，每种设想都对合作的本体论做出了定性，并因此提出由本体论所主导的基本理论框架和理论逻辑。①

有研究认为，中国—中东欧国家合作是一种区域公共产品供给模式，本质上是沿用了公共产品供给理论，只是产品的供给具有区域性；还有研究认为中国—中东欧国家合作是一种新区域主义理论，只是这种新区域主义理论更凸显包容性特色，因此是一种开放性区域主义；也有研究认为中国—中东欧国家合作是对新制度主义的运用和发展，体现在制度设计上的务实性和开放性。

除此之外，还有学者试图从经验层面归纳中国—中东欧国家合作的特点，并指出其理论特性。有研究认为合作具有深厚的中国传统，体现出中华民族博大精深的实践论色彩，即强调从实践中来到实践中去，边干边学；也有研究从中国外交的视角加以深入阐发，认为中国—中东欧国家合作是整体合作外交，并

---

① 关于中国—中东欧国家合作的理论探讨，笔者初发于《中共中央党校（国家行政学院）学报》2022年第2期，题目为《"双边+多边"理论：中国—中东欧国家合作的新探索》，文章发表后，得到广泛关注，并且受邀在多个研讨会上阐释观点，得到一些积极回应和评论。本章节是在原有文章基础上的进一步深化并加入相关讨论。理论探索需要一个长期过程，本书再次呈现对此理论的探讨，是期待对中国特色大国外交理论的深入研究能够持续开展下去。

总结出一系列特点和经验。

总体而言，不论哪种角度，事实上都概括出中国—中东欧国家合作的一些特点，这些特点值得重视并进一步开展研究。由于合作推进时间不长，而且仍在演进当中，因此就像是一个无法看清全貌的大象，大家只能从某个具体的角度来分析研究，最终成像还需要综合各种角度，进行整体性分析，并为中国外交提供一系列经验借鉴。

二 实践论

无论从何种角度看，都不应该忽视中国—中东欧国家合作的实践性意义，全过程体现出中国和中东欧国家在合作过程中的实践性特质，凸显中国特色外交注重实践创新的基因基础。

（一）从"知行合一"到《实践论》

实践论在中国有着久远传统，实践思维更是在中国文化根脉中根深蒂固。中国先人很早就形成了重实践、重此岸（而非彼岸）世界、重经世致用的传统，并形成了较为深厚的思想和文化积累。"知行合一"是中国人关于认识与实践关系的最为深刻的理论表达,由明朝思想家王阳明提出,也是对中国思想史上知行观的继承和发展。他强调认识事物的道理与在现实中运用此道理是一体两面,认识和实践是密不可分的。王阳明认为"知行不可分作两事",这并不是让"知"和"行"两个元素机械合并,而是主张两者应该互相依存,共同构成周而复始并有所提升的完整认知结构。①

"知行合一"在毛泽东的《实践论》中得到了充分而深刻的表达,并得到创新性发展。② 毛泽东用"论认识和实践的关系——知和行的关系"作为《实践论》的副题。这是他针对中国哲学史上知和行关系的长期争论给出的马克思主义的科学解释:"我们的结论是主观和客观、理论和实践、知和行的具体的历史的统一。"③ 毛泽东强调:"马克思主义者认为人类

---

① 解扬:《王阳明"知行合一"的思想》,《旗帜》2021年第4期。
② 孙旭编著:《马克思主义的知行观:〈实践论〉解读》,现代出版社2016年版。
③ 毛泽东:《实践论:论认识和实践的关系——知和行的关系》,解放社1951年版。

的生产活动是最基本的实践活动,是决定其它一切活动的东西。人的认识,主要地依赖于物质的生产活动,逐渐地了解自然的现象、自然的性质、自然的规律性、人和自然的关系;而且经过生产活动,也在各种不同程度上逐渐地认识了人和人的一定的相互关系。列宁这样说过:'实践高于(理论的)认识,因为它不但有普遍性的品格,而且还有直接现实性的品格。'"①

毛泽东在《实践论》中介绍了"实践—认识—实践"的动态过程,强调了认识的两次飞跃问题,即由实践获得感性认识,是第一次飞跃,由感性认识到理性认识是第二次飞跃,即使完成了这两次飞跃,这个过程也没有完结,还要将获得的理性认识放到实践中去检验,被实践检验正确的理论,反过来可以指导实践。

(二)中国—中东欧国家合作的实践色彩与意义

中国—中东欧国家合作出台之前或者运行过程

---

① 毛泽东:《实践论:论认识和实践的关系——知和行的关系》,解放社1951年版。

中,很难明确说存在指导性理论的支撑。"从实践中来,到实践中去"这句话大致上概括出中国—中东欧国家合作的发展轨迹,可以说实践论就是中国—中东欧国家合作的指导理论。中国—中东欧国家合作是走出来的,"边干边学""边干边完善""边干边提升"就是其发展路径。

中国—中东欧国家合作启动之初,就引发各方广泛关注,也有诸多的猜测。中国为什么要这么做,理论支撑是什么,为什么将这么多中东欧国家捏合到一块等。这一框架的启动某种程度上是中国传统深厚的实践论的具体体现。从实践中发现理论,运用发现的理论去深化实践。对中国和中东欧国家合作的基本认知也完全从实践中总结,完全由实践来检验。从2012年第一届中国和中东欧国家领导人会晤到今天,中国—中东欧国家合作在摸索中前行,不断总结经验、发现问题,寻找支撑点和支撑资源(如主动承接"一带一路"建设),这些探索体现了务实的中国式行事方式,也表明中国—中东欧国家合作是一项探索性事业,合作在探索中坚持实事求是,独立自主,既不搞教条主义,也不搞经验主义。

当然,有学者会提出实践论对中国—中东欧国家合作研究的适用性问题。它是毛泽东同志把马克思主义基本原理同中国的具体实际相结合、同中华优秀传统文化相结合的充分体现，是领导中国人民不断取得胜利的法宝。我们可以理解为任何一项中国对外政策的尝试都可以用实践论去解释，理论是抽象的，实践则是鲜活的、具体的。就中国—中东欧国家合作来说，其实践论色彩突出体现为其创新性，没有前例可循，推动的区域合作模式不同于以往中国和任何区域合作如中国和东盟、中国和非洲、中国和拉美等，更凸显其需要从实践中获取真知，不断用真知去指导实践。

实践论在中国政策中还常用一种手段叫作"试点"政策，先行先试原则，它继承了深厚的中国传统。"政策试点"发轫于中国共产党在革命战争时期的工作实践和方法。"突破一点，取得经验，然后利用这种经验去指导其他单位。"[1] 改革开放之后，"政策试点"作为实事求是的操作化工具，开始被大规模地用于改革实践中。"在全国的统一方案拿出来以前，

---

[1] 《毛泽东选集》第3卷，人民出版社1991年版，第897页。

可以先从局部做起，从一个地区、一个行业做起，逐步推开。中央各部门要允许和鼓励它们进行这种试验。试验中间会出现各种矛盾，我们要及时发现和克服这些矛盾。这样我们才能进步得比较快。"① "改革固然要靠一定的理论研究、经济统计和经济预测，更重要的还是要从试点着手，随时总结经验，也就是要'摸着石头过河'。"② 尽管这一方法论诞生于特殊的革命年代，但经过长期实践证明，它已得到广泛认可，得以作为一项优良的传统和成功的经验而被运用到国家的现代化进程中。"我们党长期倡导的'从群众中来，到群众中去'的群众路线的方法，'集中起来，坚持下去'的领导方法，抓典型、搞试验、调查研究、解剖麻雀的工作方法等等，都是行之有效的决策方法，至今仍然是我们应该继承的宝贵财富。"③ 1992年10月，党的十四大更是将对政策过程中试验精神的强调写入了《中国共产党章程》："党的思想路线是一切从实际出发，理论联系实际，实事求是，

---

① 《邓小平文选》第2卷，人民出版社1994年版，第150页。
② 《陈云文选》第3卷，人民出版社1995年版，第279页。
③ 万里：《决策民主化和科学化是政治体制改革的一个重要课题》，《人民日报》1986年7月31日。

在实践中检验真理和发展真理。全党必须依据这条思想路线，积极探索，大胆试验，创造性地开展工作，不断研究新情况，总结新经验，解决新问题，在实践中丰富和发展马克思主义。"由此，产生于"政策试点"实践中的"典型试验""由点到面""逐步推广""点面结合"等成了理解中国政策过程特殊性和中国共产党治国理政思路的关键术语。

中国—中东欧国家合作之于中欧合作来说也具有典型的试点色彩，推动中欧关系不断创新发展，及时总结经验教训，推动中国对外开展区域合作决策不断科学化和合理化。至于在实践中遇到的具体情况，要具体问题具体分析，这一点我将在"双边+多边"理论的分析中予以展示。

三 整体合作外交

（一）整体合作外交的定义

对于整体合作外交，国内学界并没有形成一致的定义。整体合作外交是一种合作模式的概括和总结，具有一定的准理论色彩。

本书对整体合作外交的定义是：以中国为一方，以某地区各建交国及其所属区域组织为另一方，双方共同开展领导人会晤、各层级定期会议、经贸合作、人文交流等多种形式机制化合作的复合型外交。它是中国与相关伙伴国家及国际组织一道，适应区域国际关系一体化、集团化发展的新趋势而深入开展国际多边合作的一种重要形式。

整体合作外交的典型形式以定期召开国际会议、国际论坛为主，同时辅以初级形态的秘书处，执行合作双方共同制定的后续行动计划和方案。从国际组织和多边外交的发展历程来看，多边外交的发展遵循由最初定期政府间国际会议向正式多边国际组织过渡的规律。中国开展的整体合作外交，即处于国际多边合作由定期会议向常设国际组织过渡的中间形态，兼具会议与组织的特点，并且更倾向于定期会议机制，而非正式组织。通常情况下，各种形式的论坛是整体合作各方开展多边磋商和集体对话的主要平台。其中，在具有决策能力的政治层级的对话过程中，将产生指导实质性合作的后续行动计划。同时，论坛之下通常设立中方秘书处。这些秘书处主要负责中国国内各相关部委、单位之间的相互协调、配合。但由于中国在整体合作中的重要作用，中方秘书处在相当程度上也发挥着多边合作过程中信息沟通和各国立场协调的职能，因此在一定意义上可视为国际组织秘书处的雏形。

（二）整体合作外交的特点

中国的国际问题研究学者扈大威对此做过一个很好的总结[①]，他认为中国—中东欧国家合作具有整体合作外交的基本特点，具体体现在下列几个方面。

1. 在外交形态上兼具双边及多边两种性质

整体合作外交是兼具双边及多边性质的复杂外交形态。其双边性质体现在，中国与作为集体的合作伙伴之间分庭抗礼、互为主客，合作伙伴国家是以集体形式参与整体合作框架下的对话与磋商；多边特点在于整体合作中有三个以上国家及国际组织参与，合作伙伴国家彼此通过内部多边协商从而形成对华统一立

---

① 扈大威：《中国整体合作外交评析——兼谈中国—中东欧国家合作》，《国际问题研究》2015年第6期；扈大威、房乐宪：《中国与中东欧国家次区域整体合作：中欧关系的新亮点》，《教学与研究》2018年第3期。

场，表现为典型的区域多边外交。

2. 强调和重视政治合作、政治意愿，而非追求法律契约性质的关系以及建立正式的国际组织

从外交实践看，共同利益以及共同政治意愿是促成整体合作的最终推动力。在合作过程中，双方平等协商，依靠协商一致的方式就集体行动做出决策，而不付诸正式表决程序。主要靠政治共识加以推动，不诉诸有约束力的法律条文，或追求建立契约性质的、有明示规则的正式国际组织。

3. 整体合作的范围依地缘因素确定，但整体合作不属于地缘政治范畴

地缘纽带是将整体合作机制各伙伴联系起来的重要因素。但是，整体合作又不是出于传统的地缘政治逻辑，因为中国作为大国在合作中不寻求控制和支配地位，而且对华整体合作往往是伙伴国家开展的多个类似机制中的一个，本身不具有排他性、竞争性，不妨碍合作对象国与其他国际行为者之间的合作。

4. 整体合作外交是多种外交功能集聚而形成的复合型交往体系

整体合作通常以政府间定期对话作为合作的政治

框架。在该框架之下，建立各种定期不定期会议机制和交流平台，基本覆盖中国与这些国家间相互联系的主要领域，形成伞状结构。由于整体合作是多种外交手段的交叉运用，其表现形态颇近似于欧盟实行的"联系性外交"。

5. 整体合作外交与双边外交平行推进，具有互补性

中方与某个地区建立整体合作同中国与该地区各国之间双边合作并行不悖，两者相互补充、相互促进。在实践中，各方往往在高层政治论坛及相关领域分论坛框架内，共同商定重点合作领域和合作项目，通过双边和多边渠道开展形式多样的合作，实现优势互补。

（三）中国—中东欧国家合作是特殊的整体合作外交

1. 特殊类型的整体合作外交

2012年4月，中国—中东欧国家领导人会晤启动。这标志着以中国为一方、以中东欧16国（后希腊加入）为另一方的中国—中东欧国家合作正式开

启。该整体合作机制吸收了中国与发展中国家开展整体合作的成功经验，又照顾到欧洲发达地区的特殊性，是整体合作外交的一次突破性尝试。但是，该机制存在着区别于其他地区合作的特殊性。

首先，中东欧国家本身没有组成区域合作组织，这是与中非、中拉、中国—东盟整体合作的显著区别。参与对华整体合作的16个中东欧国家虽然同属一个区域但彼此之间并未构成一个整体的次区域集团，它们没有一个常设平台来协调对华合作立场。虽然各国都有开展对华整体合作的积极愿望，但没有国家可以代表其整体意见，也无法就合作资金及合作机会分配等问题在内部进行协调。

其次，中东欧国家是欧洲大陆一体化制度空间的有机组成部分。中东欧国家中除欧盟成员国外，塞尔维亚、黑山、北马其顿、波黑、阿尔巴尼亚5国为入盟候选国。这就决定了中国—中东欧国家合作是在中国—欧盟关系总体框架下的合作。它构成了介于中国—欧盟关系与中国和欧洲国家双边关系之间的一个次区域合作平台，在丰富、完善中欧关系整体布局的同时，也凸显了中国在对欧外交不同交往层面之间保持平衡和良性互动所面临的多重挑战。

2. 特殊类型整体合作的挑战

在中国与其他区域组织或国际集团开展的整体合作中，合作方内部多边协商具有重要作用。它可以减少甚至防止在对华合作中出现内部竞争，形成对华统一立场和共识，在同中国谈判中更容易达成一致，提高谈判的效率。但是由于中东欧国家彼此沟通不足，无法形成对华合作的统一立场，且没有任何一个国家可以代表其他国家整体开展谈判，这就要求中国在合作过程中付出更多时间精力进行多边协调，并在17国之间保持必要的平衡。

中国发展与中东欧国家关系时还必须照顾欧盟大国及欧盟机构的立场。欧盟是当今世界一体化程度最高的区域合作组织，中国—中东欧国家合作在欧盟内部甚至横跨欧盟内外划出一个次区域合作平台，在一定程度上被欧盟大国特别是德国视为插手其内部事务，对中方的意图与动机怀有疑虑。对此，中方采取积极措施增信释疑，增加中国—中东欧国家合作的开放度与透明性，妥善处理区域、次区域、国别三个不同交往层次的分工与合作，最大限度利用好现有合作机制。

四 区域性公共产品理论

(一) 公共产品理论

根据因格·考尔等人的定义,公共产品是其收益扩展到所有国家、人民和世代的产品。[①] 公共产品是国内公共产品概念在全球范围内的延伸和拓展,典型的公共产品具有全球范围内的非排他性和非竞争性的特点。对公共产品的研究可追溯到奥尔森等以北约为例的国际安全问题研究。[②]

公共产品从受益人群看有全球性公共产品与区域性公共产品。全球性公共产品是能使世界上许多乃至所有人受益的公共物品,而区域性公共产品的受益者则是区域性的。公共产品囊括了很多主题:和平和跨境安全、打击恐怖主义和国际犯罪、维护国际金融稳定与自由贸易、环境的可持续性等。公共产品具有公

[①] Inge Kaul, Pedro Conceicao, Katell Le Goulven, Ronald Mendoza edited, *Providing Global Public Goods: Managing Globalization*, Oxford: Oxford University Press, 2003.

[②] Jr. Mancur Olson, Richard Zeckhauser, "An Economic Theory of Alliances", *The Review of Economics and Statistics*, Vol. 48, No. 3, 1966, pp. 266–279.

共性、非竞争性、非排他性特征。随着全球经济与政治的不断发展，更多更严重的国际问题向各个国家以及全人类提出了严峻的挑战，若处理不当就会对多个国家乃至全人类造成损害。[1] 因此，公共产品就变成一个重要话题被提出。

区域公共产品顾名思义就是行为体提供某个特定区域某种公共产品，其益处惠及特定地区而非全球，如果惠及全球则具有国际性公共产品属性。但并不是说区域公共产品就没有全球属性，区域公共产品是衔接国内公共产品与国际公共产品的桥梁和纽带，其溢出效应可以扩散到区域内所有国家，甚至可以扩散到区域外国家。

从公共产品理论来看，国际合作问题就是国际公共产品的有效供给问题。在区域经济合作中，大量涉及地区公共产品的有效供给问题。地区公共产品理论认为，由于地区公共产品的外部性（积极的或消极的）特点，消费中必然发生"搭便车"现象，造成地区公共产品供给不足，从而成为地区合作和区域经

---

[1] 李依琳：《从"林达尔均衡"看全球性公共产品供给困境及对策》，《学习月刊》2011年第6期。

济一体化的制约因素。因此,在地区一体化中,区内国家应该加强合作以管理和控制外部性。

(二)中国—中东欧国家合作旨在提供区域性公共产品

就中国和中东欧国家合作来说,对中东欧地区提供区域公共产品的行为体是多样的,比如美国提供的是安全区域公共产品,欧盟提供的是制度和经济区域公共产品,俄罗斯一度提供的是能源区域公共产品,中国则提供了一个合作的框架安排,或者某种程度上提供了一种互联互通的机遇,因此,可以总结为联通性区域公共产品。中国—中东欧国家合作平台无疑只是为中国和中东欧地区国家服务的,但也有助于整个中欧合作,可以惠及整个欧洲区域。同时,中国—中东欧国家合作专注于互联互通等内容,而互联互通无疑是会惠及全球的合作项目。

理论上讲,中国对中东欧国家提供区域公共产品,某种程度上满足了中东欧国家的发展诉求,在中欧合作中,也确实需要一种补充性机制来应对较为复杂的中欧合作关系,单纯的中欧层面的合作以及复杂多元的双边合作无法满足中欧合作的多样化诉求。同时，也应看到，中国提供的区域性公共产品与既有的行为者既形成互补和共赢格局，又存在较强的竞争关系，从而形成了一种交错的关系网络。中国在基础设施方面提供的公共产品具有一定的比较优势，而欧盟在政治或经济类公共产品供给上则具有一定的优势，美国在安全类公共产品方面供给能力则是独一无二的。客观地看，中美欧在提供区域公共产品的能力上难以互相替代，每个行为体都存在一定的比较优势。随着中国—中东欧国家合作的持续深入开展，欧盟对中国提供区域公共产品的动机产生怀疑，认为中国通过强化区域公共产品供给能力来提升政治影响力，侵蚀欧洲统一或危及欧盟利益，当然这就是另一方面的问题，即域外公共产品供给者同域内公共产品供给者的竞争问题。

从中国外交政策实践来看，中国是否正在向中东欧地区提供一种区域公共产品还是有一定争议的。有学者认为，中国只是推动一种合作尝试，是否有提供互联互通区域公共产品的意愿和能力，都还是个疑问。从发展方向和国际媒体的关注度来看，似乎正在凸显中国作为区域公共产品提供者的角色，中国—中东欧国家合作的未来发展方向，仍然是多维度的，甚至有一些不确定性，因此，尝试界定中国作为区域公共产品提供者的角色问题仍需做好进一步跟踪研究和全面科学的论证。

五　务实制度主义理论

从制度构建角度出发，有学者认为中国—中东欧国家合作是一种务实制度主义[①]，即中国—中东欧国家合作不拘泥于严格的、强约束力的规则和明确的制度形式，以经济社会可持续发展为过程动力，在持续的国际实践中实现务实合作制度化，培育参与行为体的积极合作习惯。

从实践中看，中国—中东欧国家合作的过程呈现出务实议程、自愿参与和灵活开放的特征。所有的合作以多方需求为导向，大家有具体合作意愿和想法就

---

① 笔者有时也称之为"弱制度主义"，即在制度与合作之间，更强调合作，制度只是一种工具，通过灵活的制度安排来达到合作的目的，合作本身并不以建立具体的强制度为根本目标。

◆ 第四章 理论分析：中国—中东欧国家合作"双边+多边"模式 ◆

一起商量，达成共识，具有很强的务实性色彩。在达成的诸多合作领域和项目中，各国自愿选择参与的领域和方式，可以采取双边、小多边或其他任何形式。在参与合作中，各国自主决定参与的程度，具有非强迫性和非规制性特点。合作全程对各种行为体、第三方保持开放态度，各利益相关方可以选择合适的时机以灵活的方式加入合作进程。

代表性观点来自波黑和中国学者的合著。[①] 国家为什么合作？国际制度研究重点探讨制度是否可以促进合作以及国际合作机制是如何发展演变的。但是尚未充分研究的一个核心问题是，怎样的国际制度能够更加有效地促成国家间合作？它是如何运作的？近年来，随着新兴经济体崛起且发起了越来越多的制度性合作，一种不同于新自由制度主义的新型制度合作模式日益显现并在国际合作进程中发挥着越来越重要的作用，它被称为务实制度主义。务实制度主义强调的是在持续的国际实践中实现务实合作制度化，培育制度行为体的积极合作习惯，这

---

① ［波黑］娜塔莎·马里奇、魏玲：《务实制度主义：中国与中东欧国家的合作》，《世界经济与政治》2018年第7期。

是一种"弱"制度、高效率的合作进程。中国与中东欧国家以政策沟通、经贸合作和社会文化交流为主要内容开展合作实践，具有明显的务实制度主义特征。随着合作不断扩大和深化，效率不断提升，中国与中东欧国家的互动文化也越来越朝着积极合作的方向发展。

在中国和中东欧国家合作中，制度到底能够发挥多大作用，这一直是一个存在争议的学术问题。从制度角度看，中东欧国家有明确的融入欧盟框架的制度，而中国—中东欧国家合作本身是一种弱制度的合作安排。从制度主义理论看，有正式制度和非正式制度之分，中国—中东欧国家合作相对弱化正式制度而偏重非正式制度，从理论和实践看都有可能为制度主义理论的发展开辟新的理论发展空间。

六　开放性区域主义理论

除实践论外，中国和中东欧合作的上述理论总结，其实都有共同的弱点或者解释力不足的问题，因为每个理论事实上只强调问题的一个方面，突出几个方面的明显特点，而不是全面的特点。从目前看，开放性区域主义在概括中国—中东欧国家合作上的适恰性上明显更强一些。因为它既包含制度因素，也包含合作的基本形态特征，同时也对合作的基本进程有着相对较好的解释力。

中国视野中的区域主义实际上秉承的是合作共赢，而不是竞争和零和博弈，某种程度上可以说，中国是新区域主义的积极支持者。在推动中国—中东欧国家合作上，中国实际上借鉴了很多区域合作模式，是对过往合作的一种继承。

在推动同东盟合作时，中国相对巧妙地解决了同一些重要利益相关者的关系，开启了中国同周边区域组织合作的新模式，妥善化解了同美国和日本的竞争，并最终形成一种共赢模式。20世纪90年代后期，当中国开始和东盟进行自由贸易谈判的时候，东北亚的日本和韩国担心中国在东南亚力量的发展和扩张。这两个国家也紧随中国先后加入《东南亚友好合作条约》。人们悲观地认为，中国和日本在东南亚的竞争必然导致大国之间的冲突。事实上，在中国和东盟"10+1"机制形成之后，东盟和日本、韩国之间也形成了同样的机制，最终还形成了东盟和东北亚三国的"10＋3"机制。东北亚三国之间因为历史和现实的各种问题很难形成独立的合作机制，是东盟这个平台促成了这三国的良性互动。很快，这种合作机制扩展到东盟和印度、澳大利亚、新西兰、美国等国家。美国的加入表明这种机制已经延伸到所有这个地区的大国。这些大国至少在一个共同的舞台上互动，要接受共同的规则，受同样的制度制约。[①] 中国推动和打造的这种合作模式具有典型的开放性区域主义特征。

东盟这种开放性区域主义又推广到亚太经合组织（APEC）。APEC 创立之初，基本宗旨为：持续推动区域增长与发展；促进经济互补性合作，鼓励货物、服务、资本、技术的流通；发展并加强开放及多边的贸易体系；减少贸易与投资壁垒。经过30多年的发展，APEC 已经成为开放性区域主义的典型代表，即所谓"APEC 路径"（APEC Approach）。通过实践，APEC 将20世纪80年代末期兴起的区域主义思想演

[①]《郑永年：中国与东亚开放型区域主义》，2009年9月3日，http://www.aisixiang.com/data/29919.html。

◆ 第四章　理论分析：中国—中东欧国家合作"双边+多边"模式 ◆

化为一种有别于目前国际社会任何区域经济合作机制的独特模式。这种独特性体现在三个方面：一是开放包容性，承认成员多样性，认为政策框架应该坚持灵活性和渐进性；二是自主自愿原则，遵循平等互利、协商一致的基本准绳，避免高度的机制化和强制性对成员形成约束；三是单边行动与集体行动相互结合。①

可以说，中国参与东盟和APEC的经验为互联互通合作提供了坚实的实践基础，并为理论上完善中国—中东欧国家合作提供了有价值的借鉴，其理论内核具有鲜明的新区域主义特征。

总体而言，中国—中东欧国家合作不以强制性规则为前提，允许不同类型的合作机制并存，真正体现了开放的区域主义理念，从而为中东欧国家参与区域经济合作（及经济全球化）、实现经济发展创造了条件。按照区域经济一体化理论的逻辑，当一项区域贸易协定具备开放特征时，它就能促进全球贸易投资自由化。②

---

① 桑田：《APEC：开放的区域主义》，《金融博览》2014年第12期。
② 李向阳：《"一带一路"：区域主义还是多边主义？》，《世界经济与政治》2018年第3期。

"共商、共建、共享"是中国—中东欧国家合作的主要方式，并不以强制的规则化和机制化为主要特点。合作参与的主体也是多样化的，并不只限于国家行为体，还有企业、地方、城市等各种对互联互通合作感兴趣的都可以参与。

开放性是重要特点，主要体现在开放性的区域主义合作的计划，其内容、规则、时间、发展走向等方面，都是开放务实，合作为先，共赢为主，共享为根。同时，开放性区域主义虽然有一定的区域指向，但又鼓励第三方加入，秉承开放原则，推动"区域合作+"模式，这就为第三方合作、利益相关者（比如观察员国模式）的参与开辟了广阔的空间。

但开放性区域主义也有难以解释中国—中东欧国家的方面，比如中国和中东欧国家在地理上具有跨区域特点，中东欧地区本身又不完全是一个同质化区域，中国—中东欧国家合作实际上对历史上的东欧进行了创新性重塑，具有鲜明的中国外交特色。中国外交在推动中国—中东欧国家合作中主动和有为的因素并没有明显体现出来。

七 "双边+多边"理论

中国的区域合作外交在较长一段时间里进展顺利，目前对四大洲实现了全覆盖，包括中国—东盟合作、中国—非洲合作、中国—拉丁美洲合作、中国和阿拉伯以及中国和海合会合作、中国和中亚合作（上海合作组织）、中国和欧盟合作以及中国—中东欧国家合作等。区域合作外交本质上强调的是多边主义，也就是推动一国和整个区域国家的合作。但在中国外交中，这种情况则存在一定的特殊性，即强调了区域的国别属性以及国别的区域属性，充分体现了从特殊到一般、从一般到特殊的辩证关系。无论是中国特色大国外交还是"一带一路"建设，都强调既要重视大国或支点国家，也要重视区域合作，通过双边合作来串珠成链、连点成线，打造中国外交新场域和新格局，通过整体性区域合作来强化双边合作，赋予双边合作新内容和新动力。回顾中国外交，一直实行的是双轨制，一个是区域关系，一个是国家间关系，事实上区域和国别并重的传统一直延续下来，从而形成了独特的"双边+多边"外交的区域合作路径。

（一）"双边+多边"理论分析

"双边+多边"① 理论强调双边合作是基础和根本目标，多边合作是双边合作的补充，是对其功能的提升、扩展，中国与各国之间双边合作以及在更广阔平台上的多边合作并行不悖，两者相互补充、相互促进。尽管有中国学者在相关理论中提到中国—中东欧国家合作是为了发展双边关系，但理论阐释并不透彻。"双边+多边"的模式进一步明晰了合作的基本特质，合作本质上是发展双边关系，但在推动双边关系发展基础上，形成共识点，推动多边合作取得发展，并通过多边合作成果进一步反哺和促进双边关系发展。

这一理论分析框架主要强调，中国—中东欧国家合作主要是发展各对双边关系，这是一种相对集

---

① "双边+多边"理论中，使用的是"边"不是"国"，很多行为体可以加入进来，比如城市、企业、非政府组织都可以作为一个边加入进来，强调参与行为体的丰富多样性。同时，边也有它的伸缩和延展性，比如说微多边、小多边（中国同维谢格拉德四国的合作），多边不是西方理解的多边主义。

约、精简和高效的方式，即使要推动多边关系发展，没有双边关系作为基础的多边主义也注定是脆弱的。在发展稳固的双边关系上，提升多边合作的潜力和氛围，放大双边合作空间，为双边合作做加法乃至乘法，起到了进一步推动多边关系发展的作用。以"双边+多边"理论为特色的中国—中东欧国家合作，虽是一体两翼，双边和多边共飞，但双边在前，多边在后，既追求两者的平衡发展，也强调有所侧重。多边的发展还要依赖双边的推动，形成复合型双边和多边交错的发展格局，这就是"双边+多边"理论的基本要义。

1. 从概念内涵上讲，用"双边+多边"这种关系和概念表述，可以极大丰富中国—中东欧国家合作的含义

它体现了双边和多边之间互动的逻辑、水乳交融的存在以及双边关系的张力。"双边+多边"涵盖以往合作中所不能包含的行为体和互动方式，呈现一种双边互动的色彩，同时多边互动跟进，小多边形式、次多边性合作很好地被包容进来。合作的主体因强调的是"边"而不是"国"而使得概念范围同样得到

扩展，合作不仅仅在国家范围内，还在次国家行为体范围内，多样的行为体的参与，形成多边行为体参与的态势，包括国际组织、实体机构、城市、地方等，丰富了多边主义的内涵，也巩固了双边关系可持续发展。中国—中东欧国家合作即是这一概念的深刻反映。

2. 从功能上讲，中国—中东欧国家合作所推动的多边主义，是全过程、精细化的多边主义

它是植根于双边关系动态发展的基础之上，不是追求多边范围内的最小和最一致共识，而是追求最大、最多样化的谅解，通过务实合作的观念，引领合作朝着开放、包容、普惠的方向发展。这种多边主义依赖于双边关系的良好发展，而不是通过多边主义来挤压双边关系。与此同时，这种多边主义又是水到渠成的，依靠良好双边关系、整体区域的双边关系发展溢出到多边领域，既满足了中国的多边合作诉求，也满足了本区域国家发展的需求。由此可以看出，欧洲区域主义理念强调多边主义是根本前提，要想深入合作，坚持多边主义是必须的。中国—中东欧国家合作中区域主义理念强调的前提是双边关系的根本发展，

用双边促动多边，用多边夯实双边。

3. 从技术层面讲，中国—中东欧国家合作更具实践推广意义

中国要发展双边关系，"一国一策"虽然是基本前提，但投入成本是比较大的，并不经济集约，因为双边关系中总有一些共同的内容和领域，也有一些是通过碰撞才能够产生交集的领域，完全可以搭建平台，在多边框架下予以解决。多边解决不了的，用双边的方法来精细化解决。因此，这种做法可以节省很多外交资源，推动合作效率的提升和多边主义的提质升级。

4. 从外在形式看，中国—中东欧国家合作更具包容性

在中国学界，也有人质疑，认为"双边+多边"这个提法淡化了区域性问题，如果仅仅是用"双边+多边"其实很多中国外交行为都可以放到"双边+多边"这个解释当中，甚至可以跳出区域的条件限制，比如说金砖国家合作也是"双边+多边"，只要有一定共性就可以组成多边，这样就完全打破了地域条件的要求。对此问题，笔者认为，多边的使用不是泛化

而是规范化相关研究。多边的含义明确来说比区域指向更有包容性,因为当多个国家聚在一块搞多边的时候只有两种情况,一种是根据明确的议题推动,一种是根据具体的区域认同,中国—中东欧合作既有类议题驱动特点,又有类区域朝向,是两种要素的结合,而不是单纯的某一个方面。迄今为止,全球性的多边合作不是随便组成的,要么根据某个议题来做,联合国的多边合作是基于和平与安全问题,上合组织合作是基于反恐问题,金砖国家合作是基于新兴经济体身份认同来做的。就中国—中东欧国家合作来说,"双边+多边"比区域主义更有说服力,就是因为它既包含了议题也包含了区域导向,当区域指向受到怀疑的时候又可以突出它的议题指向,拟合性明显更好。中国—中东欧国家合作就是为了促进务实合作,把欧盟内部的新兴经济体国家拉到一起谈合作,这说明了多边比区域更宽泛,更有包容性。

(二)"双边+多边"理论的创新性

1. 继承和吸收了现有理论的优点并做了科学拓展

"双边+多边"理论对本书前述的理论进行了继

承和创新。从外交学的角度看,"双边+多边"的外交形式和互动方式能够很好地包容整体合作外交的基本特点和形式,也指出了中国对外交往的精义所在——发展双边关系并寻求多边效应;因为多边合作形式的存在,"双边+多边"理论事实上具有一定的泛区域指向性,形散而神不散。多边主义不是泛泛的,而是必须借助具体组织、平台、议题或者区域朝向来展开,否则多边主义就成了无源之水、无本之木。多边含义又超出一般意义上的区域主义,用多边主义而不是区域主义体现出更多的包容性;"双边+多边"作为一种新的制度建构形式,要比现有的制度主义分析方式更具有开放性,制度主义追求的是具体的制度形式及其影响下的行为方式,"双边+多边"赋予了参与主体更多的制度化身份,既是双边合作的主体,也是多边合作中的一员,可以在一个平台上,根据不同的制度身份选择符合自身利益的参与和互动方式,既有务实性也有灵活性,但并不追求强制度建构,规避了制度主义理论的弱点;"双边+多边"合作不仅提供了一种理念上的区域公共产品,而且通过交往和互动,有助于扎根现实和现有区域国家，精准对接，提供符合对方需要的内容和需求，解释力要比现有的区域公共产品理论更强。

"双边+多边"理论框架设计，使中国在中东欧国家合作中所秉承的多边主义或区域主义不一定是概念和制度上的（并非追求制度主义），更多强调的是合作的功能性和渐进性。合作的本质是寻找更多合作交集，不断扩展合作朋友圈和做大合作蛋糕。中国—中东欧国家合作框架下内在的双边和多边互动逻辑具体而丰富。

2. 提升了现有的区域合作和多边外交辨识度和解释力

中国—中东欧国家合作秉承的"双边+多边"理论某种程度上扩展了对中国开展区域合作外交的影响力，提升了理论解释力。中国同上海合作组织、东盟、非洲、拉美的合作也均适用于此理论。"双边+多边"模式同这些国家开展合作，有助于产生"以点带面"的辐射效应。通过搭台开展多边外交，又都有助于产生"以面促点"的集中效应。这种合作模式既注重对象国自身的特点，有针对性地开展双边合作，又注重对象国或行为体参与的多边机制,建立并推动多边组织或多边框架下的合作,将多边合作与双边合作有机结合共同推进,有助于构筑合作伙伴网络,发展富有特色的中国外交。因此,基于中国—中东欧国家合作形成的"双边+多边"理论总结,也容易推广到其他区域合作实践中,形成很好的理论阐释,提升了中国外交的辨识度和影响力。

(三)"双边+多边"理论的不足

应该客观认识到,"双边+多边"理论在实践中仍有需要完善的方面,因为在具体领域理论解释力不足,容易对中国—中东欧国家合作的正当性产生消解作用。

1. 成员国的利益核算问题

"双边+多边"理论考虑的是外在互动及其效果,对于内在机理的分析存在弱化或不足的问题。它默认的是行为体均是理性参与合作进程并获得收益,使得双边和多边互动进程的可持续性得到保证,但却没有考虑利益核算的另一面,即在复杂的互动过程中,如果出现多个成员国考虑参与成本超过了收益而选择

"退出"或"消极搭便车"行为,就可能产生互动不足问题。

中国—中东欧国家合作以发展双边关系为基础,多边关系予以促进和协同,理论上两者相互促进能够带来普惠和均衡发展,也更能凸显合作平台的价值。但目前为止,合作成果在不同国别是不均衡的。在维谢格拉德集团国家(波兰、匈牙利、捷克、斯洛伐克)投资较多,在西巴尔干国家的互联互通项目较多,在波罗的海国家则项目相对较少,引发立陶宛等国家的不满。甚至包括波兰等国家也宣称合作目标没有达到当初的预期,从而产生不满情绪。落地成果不均有中东欧国家的问题,就是一些国家对合作并不积极主动,"等、拿、卡、要"的情况一直存在。但对于"双边+多边"理论本身来说,这种情况也会增加来自合作方的压力,也就是中国—中东欧国家合作本身的效能问题。

2. 双边和多边互动的逻辑搭建问题

对于双边和多边合作的互动逻辑,该理论默认互动是自然形成的,因为多个良好的双边合作推动了多边关系的发展,其中"双边+多边"中的

◆ 第四章 理论分析：中国—中东欧国家合作"双边＋多边"模式 ◆

"＋"的逻辑究竟是什么或互动是怎么发生的，存在模糊性，还需要更多的案例来加以支撑。① 在实践中也存在"反互动"的观点，更多强调双边和多边关系的矛盾性，比如部分中东欧国家智库表示，在已有的双边合作上，为什么又推出中国—中东欧国家合作，中国—中东欧国家合作有挤占现有双边关系合作空间的情况，由此提出中国—中东欧国家合作"无用论"。尤其对一些双边合作机制比较健全的国家或者从中国—中东欧国家合作中获取收益较少的国家来说，对中国—中东欧国家合作框架认同度不高，反而从政治化或者价值观化角度来分析解读合作，认为中国—中东欧国家合作是将欧盟"分而治之"，试图通过经济工具渗透到政治领域，投射中国影响力等。对于这种问题，需要做好统筹协调双边和多边关系，提升相互促进功能，避免互

---

① "＋"实际上就是指中国—中东欧合作为了搭建一个平台，为既有的中国和各个中东欧国家合作做个加法，双边合作是基础，中国—中东欧国家合作是平台和补充，"＋"的逻辑性就是在双边的基础上能不能衍生外溢出多边合作要素，双边是一个决定性的东西，双边基础上又加了一个合作平台，这个平台是为了促进双边关系的发展。双边在某种程度上有自己的合作方式，也可以通过平台这个附加的方式发展。

相挤压。① 同时，也需要用实际证据证明这一观点存在问题，比如中国—中东欧国家合作10年来，中国同中东欧17国贸易额增长到每年1000多亿美元，提高85%，远高于同期对外贸易的增幅，比中欧贸易增幅更高，平均年增8%。中国—中东欧国家合作有助于加强统筹协调，促进合作提质升级，一国无法开展同中国的跨国合作，匈塞铁路、中欧陆海快线均是多国协同的结果。

3. 对多边主义外交的消解作用

中国在国际社会高举多边主义大旗，坚决反对霸权主义和强权政治，积极推动国际秩序民主化和多极化。在一些全球性议题上，如气候变化、全球治理、地区冲突等方面，中国和欧盟有着共同的诉求和较好的合作基础。但随着中国积极推进全方位对外合作外交，尤其是针对一些区域和次区域合作外交，也引起西方国家的关注。有观点认为，中国

---

① 多边平台的搭建就是为了促进双边关系，这个思路应明确，笔者做这个概念界定的时候把双边写在前面，并加多边，主导和补充角色是比较明显的。既有的安排就是为了促进双边发展，有别的方式促进双边也可以，中国—中东欧国家合作这个平台与其他促进手段是平等关系，而不是与双边关系是平等关系。

第四章 理论分析：中国—中东欧国家合作"双边+多边"模式

的多边外交本质上是双边外交，中国的多边外交仅是对双边外交的叠加。同时，通过发展不同的双边关系和区域合作伙伴关系，中国的多边外交过于务实和有选择性，并不是一种理念上的运用，而是奉行实践上的"白猫黑猫"论。欧美在提出"基于规则的多边主义"问题时，同样坚持的论点是中国的外交实用主义对多边主义造成损害。实际上这是一种涉及参考坐标的问题，取决于在具体语境下如何看待双边和多边问题。在国际秩序构建中，中国坚定不移地推动真正的多边主义和国际关系民主化，但在塑造具体的跨区域合作平台上，则采取相对务实的"双边+多边"合作方式。

"双边+多边"理论的发展，凸显出中国对欧合作的新思路，就是既要发展同欧盟机构和大国的关系，也要发展区域和次区域小国和其他行为体的关系，这种关系模式既满足了双边关系发展需要，也反映出中东欧整个区域国家同中国的合作诉求，还能以符合欧盟习惯的多边主义方式来运筹帷幄，体现了中国外交的务实、灵活和创新。

理论的创新需要不断探索，学界都在努力追寻一种元理论，期待自己的理论更有解释力。无论从哪一个方面分析，都要抓住其政策聚焦的精髓部分，即我们从哪里来，要到哪里去，最终目标是什么。理论虽然要追求普世性，也要强调中国背景和经验，脱离了中国外交这一背景和经验，注定很多认识是主观的，缺乏实际根基的。从上述分析中可以看出，"双边+多边"理论充分体现了中国外交的精髓，中国要发展伙伴关系、扩大朋友圈、推进互利共赢和互联互通。中国式多边主义更多体现在区域合作的实践中，并从双边合作中汲取营养，推动一种全过程、精细化和务实的多边合作方式，通过培育多边平台，进一步加强双边合作。而西方对"双边+多边"理论可能提出的质疑和不足，只能通过交往来逐渐探讨，坚持求同存异，推进务实合作。

第五章　评估分析：中国—中东欧国家合作多维平台

一　中国—中东欧国家专业性合作平台建设评估

随着中国和中东欧各领域专业性合作平台的相继落地，双方合作潜力已得到了有效释放，且取得了较多合作成果，但从目前专业性平台建设的深度与广度来看，各平台发展水平不一，部分平台稳定性不足且泛化和碎片化等问题尚存。如何客观、全面、高效地评估上述专业性平台的发展状况，在系统量化专业平台发展差异的基础上，进一步细化平台建设优势与阻碍，以期优化平台发展路径、强化服务功能是本章重点研究内容。

（一）专业性合作平台的基本特色

中国—中东欧国家合作框架下各合作平台运行总体上表现出灵活、多样的特征，不仅各具专业特色和优势，并且主持和参与的主体也非常多样化，官方、非官方、民间组织甚至是企业都参与进来。在组织运行方式上，各平台也积极寻求灵活多样的方式，有的平台采用轮值的方式运作，如中国—中东欧国家高校联合会、中国—中东欧国家地方领导人会议等；有的采用的是中外合办平台的方式，比如中国—中东欧国家联合商会（中外都设有秘书处）、中国—中东欧国家全球伙伴中心（中外都设有秘书处）；也有的是单独运行，一家牵头，中外共同参与，实行网络化管理等，如中国—中东欧国家智库交流与合作网络（由中国社会科学院一家牵头承办）。大部分专业性平台具有诸多的共性和特点。

1. 通过"以会带台"或者"以台带会"来发挥作用、发出声音、传播影响力

各类专业性平台的建立，大多以承接本领域的

◆ 第五章 评估分析：中国—中东欧国家合作多维平台 ◆

专业性会议或组织专业性活动为主要特点之一，通过举行专业性会议来带动专业性平台的发展，传播平台的影响力。也有的专业性平台先建立起来，然后以平台为基础，开展活动或举行会议，以平台带动会议的影响力。还有的平台和会议配合国家重大外事活动。比如，中国—中东欧联合商会每年在领导人会晤期间举行中国—中东欧国家联合商会会议，中国—中东欧国家省州长联合会经常在领导人会晤期间举办地方领导人会议，中国—中东欧国家智库交流与合作网络为配合领导人会晤经常举办中国—中东欧国家高级别智库研讨会或专题性智库会议等。

2. 自组织网络（自愿性）

各专业性平台本身是一种自组织网络，参与的国家或者机构采取自愿原则。各专业性平台的承接国家或组织也主要采取自组织原则，通过自有资源来组织本平台的运营，具有很强的自我治理属性。因此，平台的组织方本身要有较强的专业背景和丰富的专业人脉资源，否则难以保证平台运行的可持续性。当然，各平台能够有自组织能力，本身还是要依托各自机构背后较强的行政力量来获取支持。比如中国—中东欧国家智库交流与合作网络，尽管这是一个自组织的专业化网络，主要依靠在智库和学术界的影响力来引领和推动智库合作，但它的发展又离不开依托单位中国社会科学院的具体支持，包括财政、人事和行政等多个方面。

3. 非官方（但有时配合官方活动）和非营利性

各专业性协调平台虽然都得到了来自各国官方的支持，但具体承接平台的主体大多是非官方或半官方机构，具体运营的机构也多为民间或官方支持的社会组织，平台大多也是非营利性组织，不参与市场活动，只服务于本领域和本行业的发展。比如，中国—中东欧国家高校联合会背后的支撑单位是各国的教育部，但具体执行机构之一为民间组织中国教育国际交流协会。中国—中东欧国家全球伙伴中心为中国外交部支持，但具体执行机构是智库中国国际问题研究院和保加利亚市场研究所。

4. 非强制性（非法律化）并采取类行会化和专业化运营

各专业性平台具有行会化运营特点，通过自组织和自我管理,成立类似行会运行的章程和行为准则,组成具有行会特点的组织和领导机构,并基于非强制性原则展开运营工作。专业化导向是各专业性平台运营的主要特点,它们无不以某个专业领域为主要工作或服务目标,由于具有专业性色彩,因此也具备了某种权威性。比如,现有的专业性合作平台中服务于投资、技术、金融、智库等机构,都是本领域的行业翘楚,具有较高的权威性,也有运营本领域行业的丰富经验,因此,承接平台能力较强。

5. 以开放包容和非科层化为特色

各专业化平台无一不具有开放包容性色彩,对于有意愿加入的各种行为体采取开放态度,唯一准入的门槛就是专业资质和行业标准。平台运营也不像官方机构,实行严格的科层化管理,而是非科层化甚至扁平化运作。每个平台的执行机构都很简单,并未按照现有的行政序列做出安排。各平台机构管理人才大多有固定工作和正式的工作身份。有些专业性平台本身是一个机构两块牌子,依托现有的行政机构而存在。

6. 特定的目标范围

尽管各平台采取开放包容态度，但并不是针对所有行为体开放，比如观察员国没有承接平台建设的角色。平台之间融合度也比较低，这主要是平台之间的专业性差别所致。但这并不意味着它们之间不可以互通，有些平台之间是有互通合作的基础的，比如中国—中东欧国家智库交流与合作网络就同中国—中东欧国家联合商会展开了合作。[①]

7. 各专业性合作平台是合作的纽带，是影响合作成败的基础性力量

之所以说是纽带，主要有三个层面含义：一是因为各专业性合作平台衔接了决策层和执行层，成为重要的纽带；二是各合作平台无缝对接企业和地方政府等执行行为体，成为决策实践的重要资讯来源；三是平台也是衔接国内和国外合作的重要载体，大部分平台由国外承建，国内支持，因此也成为合作基层的纽

[①] 为推动理论和实践研究相结合，促进中国企业对中东欧地区的了解，提升其投资意愿，中国国际商会所属的中国—中东欧国家联合商会中方秘书处、中国社会科学院中国—中东欧国家智库交流与合作网络、中国进出口银行所属的一带一路金融研究院所属的（上海）于 2019 年 11 月 19 日，在中国—中东欧国家联合商会中方理事会 2019 理事会会议上共同发起成立中国—中东欧联合商会中方理事会专家委员会。

带。同时,由于身处基层,能够第一时间感知合作进展,因此,也是合作成败和进展的晴雨表,发挥着基础性作用。

(二) 专业指标体系的设立与评估

本书系统梳理了现有的专业性平台发展情况,从制度建设、机制化参与、社会和国际透明度、财政和人事可持续性几个方面出发,构建了中国—中东欧国家合作专业性平台建设指标评估体系[1],在实现对不同专业性平台建设进展评估的同时,基于实地调研,总体分析和总结影响各专业性平台发展的促进及阻碍因素等,进一步提出推动其发展的政策建议。

从研究方法上看,中国—中东欧国家合作机制提出至今已有10多年,从现有研究成果看,多集中于整体框架的政策解读与现状分析,鲜有从专业平台建设入手深入分析平台建设情况,不仅调研不足,

---

[1] 在指标体系构建方面,感谢欧洲研究所助理研究员韩萌提供的定量统计方法支持,在此特致谢。此项评价执行于2019年,至2022年已经发生较大变化,排名也会出现明显调整。

并且在建设成效量化方面存在着研究空白，该研究则弥补并完善中国在该领域相关学术研究的不足，并在此基础上为加快中国—中东欧国家合作机制下专业化平台建设提供可计量的评估结果和可行的政策建议。

表 5-1　　中国—中东欧国家各领域合作平台建设评价体系

一级指标	二级指标	数值范围/单位
制度建设	是否有稳定的组织机构和领导	0 或 1（虚拟变量，是为 1，否为 0）
	是否有具体的章程及发展计划	0 或 1（虚拟变量）
	是否设立了开放性参与制度（开放申请会员、理事及项目招标制度等）	0 或 1（虚拟变量）
机制化参与	是否组织参与了领导人会晤或配套支持性活动	0 或 1（虚拟变量）
	开展的专业论坛数量	个
	具体落地成果（项目、备忘录以及协议等）	项
社会和国际透明度	是否设有官方网站或官方宣传渠道	0 或 1（虚拟变量）
	掌握的传播平台数量（网站、Facebook、Twitter、微信公众号及其他社交媒体）	个
	是否有基本的信息更新活动（具体年更新多少条）	条
	是否有常规的联络方式及联系人	0 或 1（虚拟变量）

续表

一级指标	二级指标	数值范围/单位
财政和人事可持续性	是否有持续的资金支持	0 或 1（虚拟变量）
	常设办公机构人员规模	人
	是否有常设办公机构	0 或 1（虚拟变量）

表 5-2 中国—中东欧国家各领域合作平台建设水平得分

平台名称	得分
中国—中东欧国家智库交流与合作网络	1.94
中国—中东欧国家农业合作促进联合会	1.78
中国—中东欧国家联合商会	1.77
中国—中东欧国家投资促进机构	1.75
中国—中东欧国家高校联合会	1.72
中国—中东欧国家林业联合会	1.68
中国—中东欧国家技术转移中心	1.67
中国—中东欧国家中小企业联合会	1.67
中国—中东欧国家海事和内河航运联合会	1.62
中国—中东欧国家能源对话与合作中心	1.60
中国—中东欧国家文化合作协调中心	1.54
中国—中东欧国家物流合作联合会	1.54
中国—中东欧国家卫生合作促进联合会	1.50
中国—中东欧国家旅游促进联系机制	1.42
中国—中东欧国家省州长联合会	1.38

续表

平台名称	得分
中国—中东欧国家银行联合体	1.22
中国—中东欧国家交通基础设施合作联合会	1.17
中国—中东欧国家环保合作协会	1.08

从指标得分情况来看，中国—中东欧国家各领域合作平台建设水平差异较为明显，其中中国—中东欧国家智库交流与合作网络得分最高，为1.94分。一方面，相对于大多数专业化平台，中国—中东欧国家智库交流与合作网络建立时间较长，具有较为丰富的平台发展经验，凭借强大的资源整合能力以及领域内良好的品牌效应，中国—中东欧国家智库交流与合作网络成功筹备并开展了大量国际学术会议及论坛，不仅推动了国内研究机构与中东欧智库的交流沟通，并且为国家的决策提供了智力支撑。另一方面，中国—中东欧国家智库交流与合作网络十分注重平台的信息透明度建设以及研究成果的推广。

中国—中东欧国家农业合作促进联合会、中国—中东欧国家联合商会、中国—中东欧国家投资促进机构以及中国—中东欧国家高校联合会的指标得分分别为 1.78 分、1.77 分、1.75 分以及 1.72 分，建设成效同样较为突出，在创造出更多合作契合点的同时，也有效地发挥出了示范效应，为中国—中东欧国家合作的健康快速发展发挥了积极的作用。

不可否认，当前各平台发展进度不一，且弱化、虚化、边缘化等问题尚存，如部分平台缺乏有力的资金支持或没有专门的人员配置，这不仅降低了平台的运作效率，并且不利于其可持续发展。借鉴先进平台建设经验、积极探索平台发展模式的完善与创新、着力加大对现有后进平台的关注及支持力度将有利于进一步激发平台的发展活力，为中国—中东欧国家合作共赢夯实基础。

需要指出的是，虽然本书对于各平台得分的计算是基于客观的赋值方法与数据，但对于不同平台的建设水平与发展状况的衡量仍存在着改进空间，其原因主要在于以下几个方面。

第一，不同平台成立的时间存在差异。更早的平台往往有着更加丰富的经验以及更加广泛的网络化资源，这对于工作的顺利开展具有十分积极的作用。因此，平台建成的早晚将直接影响到平台的建设水平以及指标体系的得分结果,而平台的发展速度以及未来的发展潜力却无法从指标结果中得到体现。

第二,各领域平台的信息数据可获取性也存在着明显差异。一方面,部分平台对于自身开展的活动缺乏必要的宣传,因此在搜集数据的过程中,难免造成遗漏,因而在一定程度上限制了指标结论的精确性。另一方面,部分平台的信息透明度尚不完善,不仅缺乏共享性,并且存在明显的信息获取门槛,这均对客观衡量平台发展成效造成了负面影响。

第三,评价体系的指标构建仍有待完善。中国—中东欧国家各领域合作平台建设评价体系的指标选取虽然充分考虑了影响平台发展水平的各项因素,但限于研究视角与数据获取的限制,指标选取的过程仍存在一定的主观性与片面性。随着平台建设的不断深化以及数据获取渠道的进一步拓展,未来指标的选取将更加科学合理,这也为针对各平台实现客观评价创造了更为可靠的保证。

(三)专业性合作平台存在的问题

虽然中国与中东欧国家已在多领域建立了机制化

第五章 评估分析：中国—中东欧国家合作多维平台

平台，并已经取得了一定的前期成果，但从双方的合作范围及对接深度来看，当前的平台发展水平仍无法有效支撑双方日益扩大的合作诉求以及有效应对越来越多的挑战。探寻平台建设的实际阻碍、明确平台发展的现实困难才能有效把握未来中国—中东欧国家合作的关键着力点。

1. 各国实际诉求各异，对平台建设整体关切不足

由于中东欧各国无论在经济水平、市场需求，还是在文化认同、外交定位方面均存在着差异，因此在建立机制化合作平台的过程中难免会出现对接倾斜，对于不同合作平台的参与和关注程度同样存在着明显的区别。例如，重建造船业以及发展港口和内河航运是近年来波兰政府的优先发展方向，因此对中国和中东欧国家合作框架的港口和海运合作较为感兴趣，并于 2017 年牵头设立了中国—中东欧国家海事秘书处，由波兰海洋经济与内河航运部和波兰海事局负责该平台的日常运营。虽然波方较为重视该平台的发展，并以平台为依托开展了一系列领域内推广活动，但并非所有的中东欧国家都非常关注，也无法让更多的中东欧国家参与。相异的发展诉求造成了平台建设存在一

定的局限性，即使在平台建设上各国均表现出了欢迎的态度，但在落实推进过程中，难免会出现合作"真空"。当然，不少领域因为其内容的开放性，也获得了较高程度的参与，比如智库合作平台、商会合作平台和教育合作平台等，参与度较高，影响力也相对较大。

2. 平台缺乏实体化运作和资源支持

搭建高效畅通的国际化平台离不开有力的政策、资金等支持。当前中国—中东欧国家合作各领域平台的建设一直在进行中，但调查后不难发现，在已建成的平台中，仍有很多未能实体化运作，并且缺乏固定的运营经费，仅是将新的平台头衔简单地挂靠在相关的职能部门之下，无法有效激励相关工作者对于平台建设与运营的热情。与此同时，平台作为资源共享中心，其信息整合与活动协调能力至关重要。由于缺少合理的资金支持，不少合作领域平台资源分享方式单一且落后，部分共享水平相对较低，无法畅通有效地串联平台参与主体，因而难以充分发挥专业化平台的服务支撑作用。

3. 缺乏具有约束力的任务量化考核，部分平台建设效率低下

中国—中东欧国家合作各领域平台的建设主要是基于对中国—中东欧领导人会晤所产生的系列纲要的贯彻与执行，体现了中国—中东欧国家合作的发展方向与愿景。但不可否认，平台的建设并不是强制性的，而各平台的章程以及规划也主要是对于未来工作内容的方向性谋划、部署与指引，缺乏具有约束力的任务量化考核以及差异性的绩效激励，从而造成了不少平台建设执行力不足以及工作效率低下，进而拖慢了其整体发展的步伐。

4. 部分平台运作透明度不高，信息化和宣传水平相对落后

大部分专业化平台虽然都开展了各种工作，但平台运作的透明度却有待提升，平台缺乏透明度的原因是信息化水平不高、宣传推广意识不强，"重工作、轻宣传"的现象比较普遍，事干了不少，但知道的人不多。

5. 平台之间的合作不多，相互学习和借鉴不足

中国—中东欧国家合作作为一个跨区域合作框架，本身是一个综合性的区域合作设计。各专业性平台在做好自身工作的同时,加强横向合作与整合将有助于产生更多的工作成果,为中国—中东欧国家合作不断提供新的思路和方法,不断丰富合作领域和合作渠道。目前各专业平台大多各自为政、"井水不犯河水"的现象比较普遍,相互学习和借鉴的动力不足。

(四) 改进专业性合作平台工作的建议

为了有效提升中国—中东欧国家合作各领域平台建设效率,强化平台发展水平,各平台之间发展应相互借鉴、相互支持。

1. 多渠道解决经费保障问题

当前中国—中东欧国家合作框架下的部分专业性平台建设缺乏有力的政策支持与经费保障,部分平台甚至还未能实现实体化运作。面对这一现状,各国政府和相关部门应加大对于平台建设的重视力度,在明确平台职能的基础上,给予其必要的人员配备与物质支撑,积极提升平台在国际合作事务中的地位,并为其可持续发展奠定良好基础。同时,各国政府和相关部门也应鼓励并支持平台开拓资金来源渠道,以多元化投入机制,鼓励各平台面向市场和社会融资,积极引导并整合各方资金助力平台的发展。在政策引导方面，中国—中东欧国家合作秘书处会同相关业务部门通过政策宣讲和具体业务指导的方式，加强合理引导，在自主发展和宏观引导方面做好平衡。

2. 完善平台管理制度，促进平台之间相互学习和借鉴

当前合作各领域平台的建设与发展水平主要依赖于承接国家及相应机构的重视程度与区域市场的实际需求，缺乏客观的量化管理标准以及具有权威性的监督约束机制，因此造成了平台建设水平良莠不齐，部分专业性平台工作推进相对缓慢滞后。一方面，各国政府应督促平台设计出符合自身状况的量化考评体系，在明确未来工作任务和计划的基础上，设定任务时限以及质量标准，并以此为依据，落实奖惩措施，全面重塑现有平台的管理制度，以更加规范化的制度环境，为平台的高质量、高效率、高标准建设注入动力。另一方面，中国—中东欧国家合作应考虑组建平台发展推进委员会，聘请中国及中东欧各国各专业领域专家，对相关平台发展规划与方针给予指导，协助制定、优化平台管理办法。

对于发展较好的平台，可以及时总结经验，供其他平台学习借鉴，取长补短。

各平台虽然专业化程度较高，但平台之间的界限并不完全就是分明的，不同平台之间还是有很多交集的，大家可以取长补短，鼓励平台之间建立复合型平台，加强功能整合，联合做大做强。比如，中国—中东欧国家智库交流与合作网络通过与中国—中东欧国家联合商会联合成立专家委员会的方式，推动产学研相结合，智力支持直接对接市场和企业需求，有助于各个平台主体发挥各自优势，推动合作走向务实深入。

3. 适时引入退出机制

中国—中东欧国家合作平台增多，也存在越来越碎片化、片面追求数量化的趋势。

据调研，部分国家对一些平台或网络的搭建存在不同看法，认为对于推进民心相通作用有限等。对于这些问题，应该引起关注，代表性不强的专业性平台，可考虑"小众化"处理，不必面面俱到均列入合作纲要和规划中，官方不做公开宣传和推广。

随着合作平台建设越来越多，部分平台因为当事国不重视或者主要机构调整等原因,实际上已经名存实亡、形同虚设。对于这样的平台,可以考虑实行退出机制,通过评估认定其活跃程度和对中国—中东欧国家合作的投入程度,在争取双方自愿的情况下,退出现有合作机制。

二 中国—中东欧国家地方合作评估

(一)作为一种概念的地方合作

国际学界对地方合作研究较早,具有深厚的积累,并经常使用平行外交(Paradiplomacy)、次国家外交(Sub-state Diplomacy)、成员外交(Constituent Diplomacy)、微观外交(Microdiplomacy)等概念来指代地方合作。中国国内则主要使用城市外交、地方合作或地方外交等概念。

在国际交往与合作中,多元行为体的参与一直是国际关系演进的一个主要特点和趋势。在早期国际关系研究中,国际组织等超国家机构发挥着重要作用,是国际和平安全的主要维护者。与此同时,在国家发挥重要作用的同时,非国家和次国家行为体也在发挥作用，如地方政府、跨国公司、非政府组织、利益集团，甚至是个人如社会知名人士、媒体焦点人物、知名政要等。因此，当今的国际关系本身就是超国家—国家—次国家—个人等行为体表演的舞台，你方唱罢我登场，各显神通。中国地方政府通过持续的合作创新，在地方合作外交中发挥了越来越大的作用，承担着越来越重要的任务和角色。2003年云南省成为大湄公河次区域合作的主要参与者和推动者之一，上海（世博会、进博会）、苏州（中国—中东欧国家领导人会晤）、杭州（G20峰会）、青岛（上合组织峰会）、厦门（金砖国家峰会）、宁波（中国—中东欧国家博览会）、广西（中国—东盟博览会）等通过承接大型国际活动或主场外交产生了广泛的国际影响。而外交部举办的地方政府全球推荐活动也意味着地方成为推动中国外交的重要载体而获得国家总体外交的支持和鼓励。

地方参与外交和国家战略变得日益重要，它产生的负面效果更提醒各方要做好地方外交。关于地方合作的研究，中国的学术研究总体落后于实践，尚未提出具有建设性和指导性意义的合作研究成果，

第五章 评估分析：中国—中东欧国家合作多维平台

比如宁波在推动中国—中东欧国家合作进程中所发挥的重要作用，在学术成果上体现得不深不透，也没有总结提炼出有效的理论成果，需要学界进一步努力。

地方合作的参与和组织方式有多种，基本包含下列几个形态。

（1）一省（市）对一国：也就是点对点合作，比如在中国—中东欧国家合作中，四川对波兰、浙江对捷克、河北对塞尔维亚、湖南对匈牙利、江西对保加利亚等，都是典型的合作模式。山东也积极发展同塞尔维亚的关系，取得长足进展。

（2）友好城市合作：这也是一种典型的地方合作方式，用城市之间的精准对接来推动务实合作走向深入。目前，中国同多个国家的地方建立了友好城市，城市之间的合作也日益走向深入。

（3）一城对一区：比如宁波和中东欧国家的合作。目前，辽宁、四川、浙江等都设计了中国—中东欧国家示范区建设行动方案，这也是一种合作的模式。

（4）区域对区域合作：这是一种新的现象，目前还在酝酿当中。以区域一体化为契机，推动整个一体化的区域与外部的区域开展合作，比如中国的京津冀、长三角、珠三角与国外某些区域的合作，也是典型的形式。这里也是通常所说的城市群与都市圈之间的合作，极大扩展了地方合作的内涵。

地方合作之所以出现这种演进，主要是从中央和地方关系角度看，中央事权和资源需要得到持续充实，光靠政府间合作很难达到目的，必须考虑将中央部分权力下放到地方。地方往往是创新合作的主要动力源之一。从合作规模和范围看，随着全球化的发展，参与的主体越来越多，越来越功能化，地方合作的形式必须具有包容性。从中国的内外发展战略看，中国提出的"一带一路"倡议、"构建国内国际双循环相互促进的新发展格局"等，也对地方合作创新提出了新的要求，而不能墨守成规。

（二）中国—中东欧国家地方合作的发展历程

中国—中东欧国家地方合作是伴随着中国—中东欧国家合作逐步发展起来的，被誉为推动整体合作的"双轮驱动"（中央和地方）的另一个轮子，发挥了越来越大的作用。

第五章　评估分析：中国—中东欧国家合作多维平台

改革开放后中国与中东欧国家地方合作逐渐热络起来，体现在双边友好城市结对数量大增。在20世纪80年代前几年的友好城市结对中，中东欧国家远远走在西欧国家及其他西方国家前面。1980—1989年中国与中东欧国家共结成了11对友好城市，其中同南斯拉夫7对，罗马尼亚2对，波兰和保加利亚则分别有1对。

在改革开放初期，中国政界和学界对中东欧国家的改革抱有浓厚兴趣，在邀请诸多中东欧国家经济学家来华交流的同时也派出大量考察团出访中东欧国家。其中，尤以出访南斯拉夫的考察团为多。这些地方交往既为中国进一步扩大对外开放和积累改革经验提供了有益帮助，也为双方关系的全面正常化开创了新局面。

东欧剧变、苏联解体后的十年是中国与中东欧国家再认识和再接触的十年，双方以相互尊重为基础，开展各领域交流合作。当时，双方的地方交往仍以建立友好城市为主要内容之一，1992年至2000年平均每年至少有2对友好城市（省、州）结对，1995年有8对友好城市结对。

进入21世纪，中国与中东欧国家关系稳步发展。随着多个中东欧国家陆续加入欧盟，双方关系发展有了国家和欧盟的双重框架。2004年，国家主席胡锦涛访问罗马尼亚时提出的"布加勒斯特原则"强调了中国同中东欧国家合作与互信的重要性，拓宽了合作交流的领域、层次。在这种背景下，地方合作也有了明显的突破，友好城市结对维持在每年5对左右。从2006年起由中国农业部主办的"中国与中东欧国家农业经贸合作论坛"发展成为中国与中东欧国家农业领域年度多边合作机制，论坛先后在北京、江苏和安徽等地成功举行，为这些省市加强与中东欧国家地方之间的合作积累了经验。

2012年中国与中东欧国家关系步入了新的发展阶段，地方合作与交往也走进了新时代。十多年来中国与中东欧国家地方合作不断深入，形成地方领导人会议、地方省州长联合会、首都市长论坛、友好城市合作、中欧班列等多个平台，地方合作在经贸、投资、旅游、教育、能源、卫生、医药、智库、金融、文化和物流等各领域全面开花。截至2022年，中国与中东欧国家共结成212对友好省、州

◆ 第五章 评估分析：中国—中东欧国家合作多维平台 ◆

（城市），其中一半以上是2012年以来结成的。国内浙江、四川、重庆、河北等省市以及中东欧的捷克、波兰、匈牙利和塞尔维亚等国表现较为活跃，宁波、唐山、沧州等城市成为地方合作亮点。主要活动见表5-3[①]。

表5-3 中国—中东欧国家地方合作主要活动

时间	地点	具体内容
2013年7月	重庆	首次中国—中东欧国家地方领导人会议在重庆举行。时任北马其顿总理格鲁埃夫斯基、罗马尼亚总理蓬塔等人及中外方近70个地方省市代表团、600多家企业的代表近千人与会。中外地方领导人联合发起旨在促进地方合作的"重庆倡议"。共签署25项合作协议
2014年8月	布拉格	第二次中国—中东欧国家地方领导人会议在捷克布拉格举行。国务院总理李克强向会议致贺信。时任国务院副总理张高丽，捷克总统泽曼、总理索博特卡、众议长哈马切克，以及中国15个省区市、捷克12个州和其他中东欧15国数十个地方省州市代表1300余人出席。中国—中东欧国家合作秘书处同捷克内务部签署《关于推动建立中国—中东欧国家地方省州长联合会的谅解备忘录》，并正式组建联合会，与会40余省区市签署入会意向书
2016年6月	唐山	第三次中国—中东欧国家地方领导人会议在中国河北省唐山市举办。时任国务院副总理马凯、捷克总理索博特卡、黑山副总理伊瓦诺维奇，以及中国14个省区市、中东欧16国58个省市代表约1300人出席。会议期间还举行了中国—中东欧国家地方省州长联合会第二次工作会议，并发表成果文件《唐山共识》

---

① 《中国—中东欧国家合作》，2022年10月1日，https://www.mfa.gov.cn/web/wjb_673085/zzjg_673183/xos_673625/dqzz_673633/zgzdogjhz/gk_673651/。

185

续表

时间	地点	具体内容
2018年10月	索非亚	第四次中国—中东欧国家地方领导人会议在保加利亚索非亚举办。国务院总理李克强向会议致贺信，全国人大常委会副委员长曹建明、时任保加利亚总理博里索夫、中国和中东欧国家地方政府及企业代表等共约600人出席会议。会议期间，发表了《索非亚共识》。会议同期举办了中国—中东欧国家地方省州长联合会，辽宁省接替河北省担任联合会新任中方主席
2021年2月	沈阳	第五次中国—中东欧国家地方领导人会议在辽宁沈阳以视频方式举行，中国22个省区市代表和中东欧17个国家的53位地方政府代表出席会议。会议还通过了吉林省、宁夏回族自治区和湖北省三个成员单位加入中国—中东欧国家地方省州长联合会的申请

经过十多年的发展，中国与中东欧国家地方合作不断深入，呈现"地方合作行业（领域）化"与"行业（领域）合作地方化"并行的特点。

第一，中国—中东欧国家地方领导人会议日益机制化，成为中国—中东欧国家合作的重要引擎。地方领导人会议已相继在重庆（2013年）、捷克布拉格（2014年）、河北唐山（2016年）、保加利亚索非亚（2018年）和辽宁沈阳（2021年）举行。"重庆会议"向中东欧国家释放出中国将坚定不移推进中国—中东欧国家合作的信号。"布拉格会议"期间成立的中国—中东欧地方省州长联合会成为中东欧国家省州与中国各省市之间增进友谊、务实合

◆ 第五章 评估分析：中国—中东欧国家合作多维平台 ◆

作、发展友好关系的重要平台。"唐山会议"首次通过共识文件——《唐山共识》，进一步将地方合作具体化、实务化和可操作化。"索非亚会议"发表《索非亚共识》，呼吁深化各领域地方合作，将地方合作推向新高度。"沈阳会议"以视频方式进行，突出中国和中东欧国家"携手共命运，同心促发展"的主题。此外，中国—中东欧国家地方省州长联合会成立以来，先后在中国廊坊、唐山以及保加利亚普罗夫迪夫、索非亚、中国大连和沈阳召开六次工作会议，并不断扩充城市会员，为推动中国与中东欧国家地方合作、促进城市交流发挥了重要作用。

第二，省、州（城市）关系不断发展，中国—中东欧国家合作首都市长论坛成为重要平台。省（州）、市（区）是地方合作的主体，利用友好省、州（城市）关系不仅有互信保障，而且便于项目开展。重庆以地方领导人会议为契机，推动重庆—中东欧研究中心、中国—匈牙利—两江创新创业中心成立，为重庆与中东欧国家的地方合作建立起对接平台。"布拉格会议"期间，河北省提出将沧州中捷友谊农场和中捷产业园打造成以通用航空和高端制造为核心、以电子信息为重点、以新能源新材料为特色的技术承接转移中心。同时，中国—中东欧国家首都市长论坛分别于2016年10月、2017年9月、2018年10月和2019年10月在保加利亚索非亚、黑山波德戈里察、塞尔维亚贝尔格莱德和阿尔巴尼亚地拉那举行，为深化中国—中东欧国家首都城市合作、促进共同发展提供了又一个平台。此外，2017年6月、2018年6月和2019年6月中国—中东欧国家市长论坛在宁波举行，2013年设立的中国和波兰地方合作论坛已分别在波兰格但斯克、罗兹、华沙和中国广州、武汉举办。

第三，各行业（领域）协调机制、联合会或中心相继建立。目前，几乎每个中东欧国家的首都或重要城市均申请并成为中国—中东欧国家合作某个行业协调机制、联合会或中心所在地。这些已经成立的联合会或中心覆盖旅游、教育、经济、能源、卫生、医药、智库、金融、文化和物流等领域，为推进地方合作发挥了重要作用。值得一提的是，一些联合会或中心系中国与欧洲国家的首次合作。在2019年4月发

◆ 第五章 评估分析：中国—中东欧国家合作多维平台 ◆

布的《杜布罗夫尼克纲要》中，各方探讨了在匈牙利设立中国—中东欧国家海关信息中心、在克罗地亚设立中国—中东欧国家信息通信技术协调机制、在罗马尼亚建立中国—中东欧国家智慧城市中心和中国—中东欧国家女性创业网络、在黑山设立中国—中东欧国家创意中心的可能性，探讨由斯洛伐克牵头并与感兴趣的相关方设立中国—中东欧国家区块链中心的可能性，支持阿尔巴尼亚牵头设立中国—中东欧国家青年发展中心，支持在中东欧国家设立中国—中东欧国家体育协调机制，欢迎各国能源主管部门间推进中国—中东欧国家能源合作对话等。在 2021 年 2 月举办的中国—中东欧国家领导人峰会上，再次重申设立中国—中东欧国家海关信息中心，成立中国—中东欧国家卫生和植物卫生工作组机制、中国—中东欧国家创新合作研究中心、中国—中东欧国家电子商务合作对话机制和中国—中东欧国家公众健康产业联盟。

第四，中欧班列发展迅速，为地方合作带来新机遇。自 2011 年 3 月首列中欧班列——"渝新欧"国际铁路（重庆—杜伊斯堡）成功开行以来，中欧班列取得长足发展。截至 2022 年 7 月，中欧班列已通达欧洲24个国家190多个城市,包括8个中东欧国家。中欧班列在中东欧国家累计开行13709列,占中欧班列开行总量的24%。在新冠疫情延宕、国际能源价格高企形势下,中欧班列有序畅通运行,成为防疫物资运输的"生命通道"和畅通经济血脉的"命运纽带"。[①]

(三) 地方参与中国—中东欧国家合作的总体评估

为了客观评估中国各地方政府参与中国—中东欧国家合作的实际表现,中国—中东欧国家智库交流与合作网络组织团队进行了数据搜集和系统评估。[②]

依据参与中国—中东欧国家合作所凭借的核心资源,积极开展对中东欧国家合作的城市大致可以分成以下几类:第一是利用铁路或航运线路等既有交通运输资源,期待借助中欧班列或航运线路发挥

---

① 中国—中东欧国家合作秘书处:《中国—中东欧国家合作十年》,2022年12月,第4页。
② 在指标体系评估的定量分析方面,欧洲研究所助理研究员韩萌做出重要贡献,特此致谢。此项评估工作于2019年执行,随着形势变化,中国同中东欧国家开展的地方合作工作已经发生变化,评估结果仅供参考。

◆ 第五章 评估分析：中国—中东欧国家合作多维平台 ◆

交通枢纽作用的地方城市，例如郑州、重庆等，这些城市利用郑新欧、渝新欧等中欧班列路线发挥物流运输的枢纽功能。第二是利用既有的产业布局特色，对接中东欧的特定国家或次区域，开展以产业为特色和抓手的合作。例如，河北沧州以中小企业为切入点，开展同中东欧中小企业的投资合作；河北的石家庄通过河北钢铁对塞尔维亚斯梅代雷沃钢铁厂的收购，加深了同塞尔维亚的合作关系。第三是利用和中东欧国家多年的既有资源，扩大合作规模和深化合作程度的城市。例如，北京云集中东欧各国使馆、文化中心和其他机构，是中东欧国家开展对华经贸合作和人文交流的重要城市，拥有相对丰富的资源优势，在此基础上充分利用中国—中东欧国家合作机制提供的各种机会，北京积极参与中国—中东欧首都市长论坛、文化嘉年华等。第四是没有先期合作基础，但凭借城市竞争力和开放优势，发展起同中东欧国家的全方位合作关系，比如宁波市，通过积极设计、主动有为、广泛参与，承接中国—中东欧国家博览会，取得积极效果。

表 5-4　地方参与中国—中东欧国家合作绩效指标体系框架

一级指标	二级指标	数值范围/单位
设施联通水平	直航中东欧城市数量	（个）
	是否为中欧班列开行城市	0 或 1（虚拟变量）
	与最近中欧班列开行城市的地理距离	（千米）
	对接中东欧港口数量	（个）
经贸合作水平	对中东欧国家出口规模	（亿元）人民币
	对中东欧国家出口增速	（%）
	对中东欧国家进口规模	（亿元）人民币
	对中东欧国家进口增速	（%）
	对中东欧国家直接投资规模	（亿元）人民币
	对中东欧国家直接投资增速	（%）
	吸收中东欧国家投资规模	（亿元）人民币
	吸收中东欧国家投资增速	（%）
	面向中东欧国家展会数量	（个）
政策对接水平	主办有关中东欧会议与论坛的数量	（个）
	是否有对接中东欧国家的政府机构	0 或 1（虚拟变量）
	市领导出访中东欧国家的次数	（次）
	接待中东欧国家领导的次数	（次）
人文交流水平	与中东欧国家友好城市数量	（座）
	前往中东欧国家的游客人数	（人次）
	接待中东欧国家的游客人数	（人次）
	来自中东欧国家的留学生数量	（人）
	前往中东欧国家的留学生数量	（人）
	同中东欧国家开展的合作办学数量	（个）

◆ 第五章 评估分析：中国—中东欧国家合作多维平台 ◆

续表

一级指标	二级指标	数值范围/单位
智库参与水平	中国—中东欧国家智库网络理事单位的数量	（个）
	中国与中东欧合作领域研究中心数量	（个）
	中东欧研究成果活跃度	（篇）

在分项测度方面（具体排名见表5-5至表5-9），中国地方参与中国—中东欧国家合作设施联通水平得分最高的5个城市分别为天津、宁波、广州、上海以及厦门，均为沿海城市，其中天津位居该分项排名第一，宁波、广州、厦门进入前五。可见，先天的港口对接优势是以上城市实现设施联通水平领先的关键因素。此外，2019年，中欧班列增运潜力进一步释放，有力的铁路运输保障使得西安、重庆、成都等枢纽节点城市的设施联通排名靠前，并在该分项指标中保持了国内居前的地位。

表 5-5　　　　设施联通水平测度结果

城市	设施联通水平得分
天津	100
宁波	81.42329
广州	68.43144
上海	65.29704
厦门	60.5393
大连	59.72143
西安	57.4049
北京	53.47993
重庆	43.18782
深圳	36.86288
南京	34.97628
苏州	31.77672
成都	28.97074
武汉	27.7772
长沙	25.63425

随着中国—中东欧国家合作的不断深入，中国同中东欧国家间的贸易投资往来也日益密切。在地方参与中国—中东欧国家合作绩效指标体系中，经贸合作水平是衡量综合绩效五大维度中最为重要的维度。2019年，中国地方层面同中东欧国家经贸合作水平总体上升，且各地差异同样出现了收窄的发展态势。

第五章 评估分析：中国—中东欧国家合作多维平台

宁波位居地方参与中国—中东欧国家合作经贸合作水平第一名，对于中东欧国家市场的不断开拓、自身环境的开放度以及有针对性商贸促进活动使其成了中国同中东欧经贸对接的领先之地。厦门、天津、深圳、上海分列地方参与中国—中东欧国家经贸合作分项得分的第二到第五位，营商环境优越，同中东欧国家经贸合作规模逐步扩大，为中国—中东欧国家经贸合作发展提供了优良的地方平台。

表 5-6　　经贸合作水平测度结果

城市	经贸合作水平得分
宁波	100
厦门	98.68713
天津	76.16208
深圳	72.78286
上海	72.60888
北京	66.81839
苏州	64.48754
沈阳	61.97132
青岛	44.86752
杭州	36.90819
武汉	34.9782
长沙	34.88763

续表

城市	经贸合作水平得分
成都	32.98034
大连	32.59296
广州	31.55659

城市的开放发展离不开政策的有力支持，在政策对接方面，宁波启动建设了全国首个中国—中东欧经贸合作示范区，设立了国内首个地方对接中东欧事务的实体机构——宁波中东欧博览与合作事务局，出台了首个地方层面针对中东欧国家的优惠政策，举办了国家级中国—中东欧国家博览会等，众多的第一以及地方政府对于中国—中东欧国家合作的高度重视为其全方位对接中东欧提供了优良的政策环境保障。大连在政策对接上也做出了努力。2019年，大连市加大了面向中东欧国家的政策倾斜力度，深入推进建设辽宁中国—中东欧国家经贸合作示范区核心载体城市。此外，成都、唐山、苏州在政策对接水平上表现良好，分列政策对接水平的第三、第四以及第五名。

第五章 评估分析：中国—中东欧国家合作多维平台

表 5-7　　　　政策对接水平测度结果

城市	政策对接水平得分
宁波	100
大连	39.09968
成都	36.38403
唐山	25.93239
苏州	23.90919
北京	23.50761
沈阳	21.64878
杭州	21.34573
深圳	19.28403
上海	9.057402
重庆	7.258612
郑州	3.730446
天津	3.028644
厦门	2.797834
广州	1.931656

人文交流是推进中国同中东欧国家互信互利、共赢发展的重要纽带。中国城市同中东欧国家的人文交流指标包含了友好城市、双向旅游、合作办学等多项指标因素，为衡量中国—中东欧国家合作的人文领域往来提供了合理参考。目前，中国地方参与中国—中东欧国家合作人文交流水平排名最高的城市为宁波，

形式多样的文化互动以及紧密的教育联系为中国与中东欧国家架起了沟通的桥梁。北京在该分项得分中排名第二，全国文化中心及国际交往中心的战略定位赋予了北京构建中国—中东欧国家合作对外人文交流平台的先天优势，各类机制化的交流合作也为北京宣介城市文化，提升吸引力提供了良好契机。

表 5-8　　　　人文交流水平测度结果

城市	人文交流水平得分
宁波	100
北京	33.27463
沈阳	29.7698
上海	28.833584
南京	27.71304
深圳	27.11244
西安	21.8189
济南	21.79028
天津	14.54865
成都	13.17168
杭州	12.87527
青岛	11.44721
大连	10.91571
广州	10.8974
福州	9.129802

◆ 第五章 评估分析：中国—中东欧国家合作多维平台 ◆

从智库参与度得分来看，北京在这一分项测度上遥遥领先，集中的学术资源、有力的政策保障以及明确的城市发展定位使得北京拥有较为明显的智库建设与国际合作优势。上海在相关成果产出方面同样表现突出，宁波在该分项得分中位列第三，进一步体现了其专业智库建设的成效。

表 5 - 9　　　　智库参与水平测度结果

城市	智库参与水平得分
北京	100
上海	17.88914
宁波	13.22825
西安	7.121314
石家庄	6.758431
成都	5.991619
南京	5.485965
广州	5.480473
杭州	5.028242
重庆	4.764109
武汉	3.841963
唐山	3.16478
苏州	2.246077
天津	2.028199
济南	1.608263

(四) 总体分析

1. 地方政府参与度较高,形成齐头并进格局,但需要合理分工

地方政府参与度较高,形成了一定的竞争格局。浙江、四川、辽宁等都积极筹备建立示范区。从实际效果看,宁波具有先发优势,发挥的作用较大。由于获得博览会等重要平台的承办权,宁波获得了重要的优势,将务实合作的工作不断做大做实。

从整个中国层面看,地区差异也比较明显,各区域间、各行业领域的无序竞争依然存在。浙江、河北、山东、重庆、辽宁等多个省市均积极推进中国—中东欧国家合作及其框架内的地方合作,但似乎很难看出明确的分工和定位。仅以中欧班列为例,多个地方陆续开通了前往欧洲(包括中东欧)的班列,在中欧班列国内运输协调委员会、中欧班列运输协调委员会、中欧班列专题协调机制等建立后,此前存在的缺乏协调问题得到一定程度缓解,但仍未彻底解决。此外,中国地方企业扎堆投资一国或几国甚至恶性竞争现象也在一定程度上存在。

第五章　评估分析：中国—中东欧国家合作多维平台

2. 地方和中央形成良性互动

地方将自身定位有效纳入中央定位中，同时地方也将参与合作列入本市参与国家重大战略的各项发展规划当中。参与地方合作只是一个抓手，主要目标还是服务于地方的开放发展战略当中。地方的对外交往总体上离不开中央统一协调和指导。也就是在中央外事工作委员会等中央机构集中统一领导下统筹做好地方外事工作，从全局高度集中调度、合理配置各地资源，强调外事、外宣、外经、外资、外贸"五外"联动。从中国—中东欧国家合作实践上，中央和地方实现了很好的联动，地方服务中央外交的意识和能力明显增强。

中国特色的大国外交决定了地方合作是中央总体外交的有益补充，这一原则是不能突破的。联邦制国家如美国、加拿大和德国等，相关地方合作理论的分析则在某种程度上强调了地方寻求权力而与中央形成的某种紧张关系，也就是地方中心主义倾向，强调了央地的竞争性和平行性。[1] 这一点在中国地方外交中

---

[1] Ivo Duchacek, "Perforated Sovereignties: Towards a Typology of New Actors in International Relations", in Hans Michelmann and Panayotis Soldatos eds., *Federalism and International Relations: The Role of Subnational Units*, Oxford: Clarendon Press, 1990, pp. 1-33.

需要引以为戒,中国特殊国情决定了党管外交和中央集中统一领导的基本原则。

3. 地方合作面临的风险在增多,需要引起更多的关注

第二次世界大战后,全球化、区域一体化和地方化发展得到快速推进,相互交织在一起。新科学技术的发展改变了人类的生活方式和交往方式,也改变了国与国之间的交往方式,各种资源要素加速跨边界流动,推动了全球化背景下的相互依赖。中央政府和非国家行为体之间的互动变得更加密切和复杂,也对地方合作提出了新的挑战,潜在的风险也在增多。

欧债危机、英国退欧尤其是中美全方位博弈后,逆全球化、去全球化以及保护主义的兴起,正在破坏合作网络,弱化地方政府节点作用。地方政府在新一轮反全球化冲击下,成为合作的牺牲品。比如地方保护主义与国家保护主义相伴相生,民粹势力在地方有了更多发展土壤。中国和捷克以及匈牙利地方政府的交往先后出现波折,就是集中的体现。

三 整体评估

中国—中东欧国家合作的专业平台建设是合作的基础,有了活跃的专业性合作平台,合作才会显示出生机和活力。专业性合作平台的设立,初衷是充分考虑到具体国别的优势和特点,激发它们参与合作的积极性,带头牵动相关合作领域取得进展。因此,专业性平台充分考虑到国别特性或者双边性色彩,注重双边的牵引作用。当然,发挥双边的作用还要推动多边合作的发展,通过扩大参与、自主自愿的方式形成合作的规模效应,为整体的中国—中东欧国家合作提供支撑。问题在于,国别的牵引作用,要选好国家,也要选好领域,国别和领域都具有一定代表性,才能使得专业性合作平台得到发展,舍此则难以带动整体合作和更多的参与性。专业性平台要充分发挥双边促多边、多边夯实双边的良性互动功能。

地方政府作为中国外交的特殊行为体,在开展经济外交、文化外交和民间外交上正发挥着日益重要的作用,成为国家层面"大外交"的重要补充和积极促进力量。在中国—中东欧国家合作中,地方合作的特色鲜明,浙江、山东、河北、湖南、江西等通过发展同具体中东欧国家的结对合作,丰富了双边交往的形式和方式,也夯实了中国和中东欧的整体合作。当然,没有多边合作的大环境,双边合作也没有发挥的空间。宁波作为地方政府承接中国—中东欧国家合作示范区建设,就是基于多边合作大环境而开展活动的。当前,随着中同美博弈的加深,中国—中东欧国家合作的整体氛围受到影响,地方在开展合作时也会受到冲击。在双边层面,由于捷克布拉格市长贺瑞普窜访台湾并多次发表不当言论,使得北京和布拉格的友城关系受到冲击,也使得双边关系受到冲击。因此,在双边关系良好时,双边促多边、多边带双边的逻辑关系是存在的,但当双边关系出现问题时,这种逻辑关系就会受到冲击,对此,应有清醒的认识,扎扎实实推进地方做好"点对点"合作,坚持"一国一策",因地制宜,不搞无序竞争,要增强服务大局意识,准确研判,妥善规避合作风险。

第六章 前景分析：中国—中东欧国家合作展望

一 地缘政治化下的中国—中东欧国家合作

中国—中东欧国家合作经历了曲折的发展历程，经历了快速发展阶段，也遇到了各种内外挑战。随着中美博弈发生以及乌克兰危机的不断发酵，亚欧大陆的地缘政治冲突使得中东欧国家的安全需求迅速提升为首要需求。中东欧国家对经济发展的关注让位于对地缘安全的关注。多年来中东欧国家一直对绿地投资保持着极高的兴趣，是世界上外来投资较为友好之地，由于地缘政治变化的影响，中东欧国家强化其安全战略设计和安全投入，欧洲的营商环境出现明显变化，也影响了中国和中东欧国家之间的投资和经贸合作。在此期间，笔者 2022 年的两次赴中东欧国家调研留下了深刻印象。① 2022 年 4 月的调研，看到了更多的问题和挑战。就中东欧国家来说，存在着一系列突出问题。

新冠疫情和俄乌冲突深刻改变了中国与中东欧国家关系，国家安全成为中东欧国家的首要关切，加速了中东欧国家对华政策的泛发全化，中国—中东欧国

---

① 2022 年 4 月，笔者作为智库、企业和高校代表团团长赴欧洲八国开展调研和学术交流工作，这是国内疫情期间首个学术因公出访团，开创了智库走出去的先例，成为疫情下的"逆行者"。2022 年 9 月，笔者作为智库代表团负责人出访欧洲七国，顺利完成任务，推动疫情和俄乌冲突下中欧双方的增信释疑工作。根据安排，2022 年 4 月 18 日至 5 月 8 日，调研团对捷克、斯洛伐克、匈牙利、克罗地亚、斯洛文尼亚、爱沙尼亚、拉脱维亚和波兰等中东欧八国进行了实地调研。本次调研也是疫情期间中国首家智库走出国门，开展系统深入的调研和民心相通工作。代表团共组织和参与了 73 场活动，其中组织各类经贸对接交流活动 46 场、智库研讨活动 9 场，会面人数达 350 余人。拜访知名智库 24 家，拜访前政要（捷克前总统克劳斯、克罗地亚前总统梅西奇和基塔洛维奇）、现政要等 7 人次。代表团与爱沙尼亚塔林大学、拉脱维亚里加大学、波兰华沙大学签署合作协议。与捷克布拉格经济学院、捷克国际事务协会、斯洛文尼亚卢布尔雅那大学、克罗地亚萨格勒布经济管理学院、波兰东方研究中心、爱沙尼亚塔林大学、拉脱维亚大学、波兰华沙大学等筹划建立定期交流合作机制。利用对话交流，代表团积极阐释中国内政外交政策，尤其是中国防疫政策、对俄乌冲突立场等。在正式活动之余，代表团还走访了一些国家社区，实地感受中东欧国家社情民意。2022 年 9 月 10—30 日，笔者带领智库调研团同外交部代表团一道走访调研捷克、斯洛伐克、保加利亚、匈牙利、罗马尼亚、希腊、北马其顿等七国。调研团共计拜访 22 家欧洲国家智库和政府部门，同 40 多位智库专家和决策者举办对话会 22 场，举行大型国际学术研讨会 1 场。调研团拜访了中国驻欧 5 国大使（捷克为临时代办）及经商参处代表，广泛接触欧洲商会负责人，实地走访匈塞铁路、中远海运比雷埃夫斯港等重要项目。调研目的在于了解欧洲形势、中欧关系以及中国—中东欧国家合作现状，正确阐释中国对俄乌冲突立场以及其他重要外交主张，增信释疑。

第六章　前景分析：中国—中东欧国家合作展望

家合作的环境受到明显冲击，经贸合作中的产业链、供应链和价值链安全受到挑战。

在第一次访问期间及访问后，中东欧国家立陶宛、爱沙尼亚和拉脱维亚宣布退出合作机制，给中国—中东欧国家合作框架的发展前景投下了阴影。然而，至9月调研团再度访问欧洲时，情况有了一定程度的变化。

首先是欧洲呈现两种反向而行的对华政策取向。在新冠疫情、俄乌冲突的推动下，欧洲一方面朝着供应链多元化（某种程度上也是"去中国化"）方面迈进；另一方面，在市场力量驱动下，在具有竞争力的产业领域布局中国市场，同时在有需求的领域尤其是能源领域积极吸引中国投资。

调研团4月访欧时，欧洲经济社会生活在经受疫情后开始步入相对正常轨道，但9月之行调研发现，俄乌冲突对欧洲能源供应造成重大影响，导致电力和食品等物价上涨较快，社会不满情绪加重。俄乌冲突团结了欧洲，但其导致的经济和能源问题又分化了欧洲，各国自主选择应对困境的出路，也催生了欧洲多样化的对华合作需求，包括德国在内的大国加速有竞争力产业在中国市场布局，中东欧国家则在价值观和务实需求之间相互撕扯，表现出一定的摇摆性，尽管其对华合作需求仍存在，但观望情绪较浓。

其次是危机打开欧洲市场对中国机遇窗口。随着俄乌冲突持续，能源和经济危机预期愈发强烈，欧洲经历从地缘政治到民生政治的转换。2022年岁末，欧洲部分国家民生问题日益突出，多国出现游行示威，欧洲需要中国投资和与中国开展更多经贸合作，特别是在可再生能源领域，以缓解能源和民生困境，向中国展示出机会之窗。一方面，能源短缺和绿色转型提升欧洲与中国合作需求，欧洲试图减少对中国依赖的做法代价高昂；另一方面，欧洲大型企业之所以持续保持对中国稳定的绿地投资，主要原因除了有利可图外，也有规避地缘政治冲突和潜在能源危机的考虑。

2022年上半年，中国光伏组件出口量达78.6GW，同比增长74.3%，其中向欧洲地区出口约42.4GW，同比增长137%，远高于其他市场。西班牙、德国、英国是进口中国光伏组件的主要力量。就市场形势而言，欧洲为了摆脱对俄罗斯的能源依赖，

◆ 第六章　前景分析：中国—中东欧国家合作展望 ◆

开始加速向可再生能源转型，德国甚至将100%使用可再生能源发电目标提前了15年。欧洲光伏新增装机市场的爆发，为中国光伏产业发展带来机遇，同样也为中国与中东欧国家开展绿色能源合作提供了契机。绿色合作一直是中国—中东欧国家合作的重要组成部分，双方不仅在绿色领域积极搭建对接平台，而且带动了一批惠及民生的能源改造项目和有影响力的新能源项目，为加快实现各自的减排任务与目标，提升双方经济与环境收益发挥了显著成效。以塞尼风电项目为例，它是由中国北方工业有限公司所属北方国际合作股份有限公司在克罗地亚建设。项目于2018年11月开工，总投资1.79亿欧元，每年发电5.3亿度，减少二氧化碳排放约46万吨。据调研了解，塞尼风电项目2022年正式运营以来，总发电量即将突破1亿度。俄乌冲突爆发以来，因为塞尼风电的电力供应，克罗地亚能源转型压力得到一定程度缓解，在中国公司绿色能源支持下，其经济受到军事冲击的影响相对较小。

最后是中国在欧投资项目陆续完工或落地提振了合作信心。

在中国—中东欧国家合作中,大项目和标志性项目投资一直受到重视。疫情暴发以来,中国在该地区投资总体取得突出成就。大项目建设有序进行,具有一定的示范效应。

(1) 匈塞铁路建设进展顺利

匈塞铁路项目于2019年启动,2022年7月开工,合同工期五年。匈塞铁路塞方境内进展较快,匈方境内则相对较慢。调研时,在匈项目施工图设计工作完成约78.5%。现场施工方面,相关业主已移交全部工地,在通信信号及接触网拆除、车站内轨道拆除、区间及站场路基施工等进展顺利。

(2) 佩列沙茨大桥项目竣工通车

佩列沙茨大桥项目是中企承建的首个由欧盟基金出资建设的大型基础设施项目,是欧盟基金出资、克罗地亚政府支持、中国企业承建的重要三方合作项目。由中国路桥公司牵头、中国企业联合体承建的佩列沙茨大桥,自2018年经过3年多的建设于2022年7月通车,截至11月底已有超过100万辆汽车安全通过,大桥运行良好,有力推动了当地经济社会发展。大桥建设过程中,先后有欧盟的18家设计咨询公司、

45家施工企业和112家设备材料供应商和环保企业参与，是真正意义上的"多方共赢"项目。

（3）中远比雷埃夫斯港恢复正常运营

新冠疫情对比港运营影响较大，特别是邮轮业务，2020年比港总体经济效益下降20%，随着欧洲放开管控后，比港运营加速恢复。2022年9月，比港邮轮停泊艘次全面恢复至700艘次左右，游客数量60万左右。2021年，中远海运集团收购比雷埃夫斯港港务局第二期16%股权顺利完成交割，所占比重提高到67%。

（4）宁德时代项目正式开工

该项目主要位于匈牙利德布勒森，投资金额70多亿欧元，加上后期跟进项目，直接创造9000个新就业岗位。这是中国和中东欧国家合作历史上最大项目投资之一，影响范围广。2022年9月5日，项目举行启动仪式，计划在2025年前完成代工厂建设工作。宁德时代在匈投资建厂前已经与德国宝马等公司签署电池供应协议，同时有在德国运营的经验和基础，这些都为项目顺利实施打下基础。

最后是多年打下来的基础使得中国—中东欧国家

合作的韧性还在。

尽管中国—中东欧国家合作面临很多问题,但基于过去几年在中东欧地区释放的政策利好所产生的长尾效应,合作反而展现出更多韧性。

(1) 中资企业深度扎根中东欧地区

经过近十几年的发展,许多中资企业已经在中东欧地区布局投资并扎根其中。长虹集团、烟台万华、柳工集团、海尔集团、上海延锋汽车饰件系统公司等多家公司很早就在中东欧投资设厂,深度参与到中东欧国家高端制造产业链。

(2) 中东欧企业家与中国经贸合作态度依然积极

持续的疫情对中国与中东欧国家经贸和投资合作造成了冲击,不少项目处于艰难维系状态。俄乌冲突发生后,由于来自俄罗斯、白俄罗斯和乌克兰的采购锐减,中东欧地区的商贸批发业遭受重创。以布达佩斯的中国商品批发城和波兰华沙 GD 商城为例,自 2022 年 2 月中旬开始至调研结束时观察,市场成交额已下降三分之一。

尽管如此,中国—中东欧国家经贸务实合作呈现出较大韧性,仍是中国与中东欧国家发展关系的基础。中国的市场仍对中东欧国家企业具有吸引力。调研团访问期间,仅浙江省宁波市就与中东欧国家商(协)会和企业达成合作项目18个,意向性签约10个,涉及技术投资和农产品采购等共计3500万美元。

(3) 代表性国家的牵引和示范作用仍然明显

在与中国双边关系良好、政治互信强的国家,如匈牙利、塞尔维亚、希腊等国,中国的标志性项目建设能够持续推进,人文交流通过线上活动维持了合作态势,且不乏亮点。上述国家为推动中国和中东欧务实合作发挥了示范效应。

(4) 地方合作的撬动效应仍然存在

在中国—中东欧国家合作中,地方合作一直是重要的发力点。地方合作以其务实、灵活性以及充分利用侨商、海外联络点、友城等优势,在中国和中东欧国家合作中催生了很多合作成果。以浙江省宁波市和河北省沧州市等为代表的地方政府作为合作的成员,充分挖掘与中东欧地方合作潜力,寻求合作精准对接点,取得了一定成效,也坚定了地方参与中国—中东欧国家务实合作的信心。例如,成都市与波兰罗兹市的合作从中欧班列向餐饮、旅游等项目投资延伸。

（5）人文交流基础仍在，旅游合作潜力大

中国—中东欧国家合作机制对双方人文交流的推动显著，取得了积极成果。教育方面，双方高校展开全方位合作，涉及语言文学类、艺术类、理工类、医学类、农林类等专业；仅 2019 年中国同中东欧国家高校就达成 50 余项合作。智库研究方面，国内以中国—中东欧国家智库交流与合作网络为代表的涉中东欧问题的智库、研究中心、国别研究中心等有近 30 家。虽然中国与中东欧国家的人文交流受到新冠疫情、美西方污名化等外界因素的干扰，但蕴含着一定的发展机遇，中东欧国家文化、教育、学术、智库界也十分期待尽快与中国恢复正常的人文交流活动，这些都是中国今后开展人文交流的有利因素。

疫情前，随着中东欧国家在中国的认知度不断提升，中国游客赴中东欧旅游人数不断攀升，而中东欧各国一直存在发展旅游业的巨大需求，旅游业成为中国与中东欧合作中最具有潜力的项目之一。塞尔维亚、黑山、波黑、阿尔巴尼亚等国实现对中国游客入境免签证政策。双方的配套机制也在逐渐完善，中国—中东欧国家旅游合作高级别会议于 2014 年首次召开，积极推进旅游合作。然而，旅游合作受到了新冠疫情的直接影响，世界各国旅游业都陷入了寒冬。但是随着疫情影响的消退，国民旅游势必会迎来快速增长，发展与中东欧国家旅游合作潜力很大。

二 中东欧国家的"退出"问题及前景

2021年5月立陶宛、2022年8月爱沙尼亚和拉脱维亚先后宣布退出中国—中东欧国家合作机制，退出引发了人们对其前途和命运的关心，合作如何应对这种退出？如何从机制上能够完善它？

（一）波罗的海三国退出的原因

三国退出有其具体的背景和原因，主要包括下列几个方面。

首先，与认同因素有关。即使在中国—中东欧国家合作启动初期，三国均认为自己是北欧的一部分，希望加入北欧与中国合作的有关机制当中。波罗的海三国同样联系比较紧密，内政和外交趋同的地方较多，彼此在日常交往中相互影响较大，在立陶宛宣布退出中国—中东欧国家合作后，受到此示范效应激励以及在内外部压力下，两国也就陆续宣布退出了。

其次，在安全领域防范中国，关系趋于冷淡。中国与波罗的海国家的安全"死敌"——俄罗斯发展正常关系让它们天然比较忌惮，尤其是2017年中俄在波罗的海区域联合举行军演令其心怀警惕。三国自2017年之后曾陆续发布国家安全战略报告，把中国视为"国家安全威胁"。正是出于对国家安全的考虑，中国企业对波罗的海地区基础设施建设项目的投资与投标，包括FinEst Bay波罗的海隧道、克莱佩达港项目和意向中的波罗的海铁路项目等，屡屡在议会和政府层面审议中受挫。三国都加入了美国主导的"清洁网络"计划，压缩中国企业在5G行业的话语权。此前曾使用华为5G技术的拉脱维亚第二大移动通信公司Beta，在政府宣布加入"清洁网络"计划后也改变了政策。

最后，来自美国的影响。美国除了用安全因素推动三国在关键基础设施领域"去中国化"外，还积极推动三国退出中国—中东欧国家合作机制。需要提及的是，很多国际媒体分析认为，三国需求未得到具体满足是退出的重要原因。其实，这种观点站不住脚，事实上，波罗的海国家对安全的需求是绝对的、压倒一切的，在俄乌冲突大环境下，很难抵御来自国内外的政治和安全压力。就具体收益来说，拉脱维亚近年来获得很多实实在在的好处。吸引了来自中国华大基因等的投资，包括施丹兰等品牌也成功打入中国市场，成为热销品，而且由于2017年成功举办了中国—中东欧国家领导人峰会，拉脱维亚在中国的关注度和受欢迎程度一直不错，在这种背景下用经济收益不高的原因解释其退出显然站不住脚。

（二）基于国际经验的"退出"影响评估及应对

从历史和现实看，成员国"退出"或"退群"问题在很多国际组织或机构中非常常见。第二次世界大战期间德国退出国际联盟，二战后希腊、土耳其和法国曾退出过北约然后又加入。英国从2016年开启"退欧"进程并历时5年得以完成。特朗普上台后，更是将"退群"发挥到了极致。面对这一系列"退出"举动，中国要详细分析情况，保持冷静和定力，总结国内外经验，应对好"退出"事件。

据不完全统计，二战结束以来，国际政府间组织发生大约200多次退出行为，在联合国备案的多边条约退出行为有1547次。① "退出"有很多种形式，内容不一而足。有从强机制中退出的国家，如英国退出欧盟，退出成本较高；有从专业性国际或区域组织中退群，比如希腊、土耳其和法国退出北约；还有退出一般性国际组织，二战期间德国退出国际联盟，美国在历史和现实中的"退群"行为等；还有一种是不断进出某个组织的所谓多次"退出"行为。1984年，美国不满其文化控制权逐步被发展中国家削弱，正式退出联合国教科文组织。2003年，时隔19年之后，美国重返联合国教科文组织。2017年美国又宣布于2018年退出联合国教科文组织。2021年拜登上台后，又为重返联合国科教文组织而努力，并于2023年重返该组织。

主导国如何应对"退出"行为呢？事实上，美国既是"退出"专家，也是应对"退出"问题的专家。

---

① 李志永：《政策自主性与美国退群外交》，《世界经济与政治》2022年第4期。

第六章　前景分析：中国—中东欧国家合作展望

美国总统约翰逊（1963—1969年在任）对法国退出北约并且戴高乐要求北约总部搬出法国的做法表现出不同寻常的"宽宏大量"，他说："当人家要求你离开他的屋子的时候，你所要做的就是拿上帽子走人。"[1] 美国的大度在相当程度上表明，法国的退出对整个跨大西洋联盟来说无伤大雅，影响不了总体大局。

那么，主导国为什么对"退出"大都表现出达观态度呢？

（1）从法律上看，退出和加入是主权国家范围内的事情，主导方一般会慎重考虑干涉问题，因为在法律上不允许，干预的成本较高，需要付出额外的成本，同时也可能引发组织内其他成员的进一步不满，所以未必能取得好的效果。

（2）退出国家一般都是组织内某些方面的"负资产"，退出可以发挥瘦身作用。即使一些国家仍有正面价值，但主导国一般会评估退出是否会导致组织大厦坍塌，这是基本前提，如果不影响大局，主导国

---

[1] ［美］阿尔弗雷德·格罗塞：《战后欧美关系》，刘其中等译，上海译文出版社1986年版，第253页。转引自张茗《摇晃的钟摆：欧盟—美国关系研究》，上海社会科学院出版社2018年版，导言第4页。

一般不拦阻退出行为。

（3）退出国家大多数仍是主导国的好伙伴，只是退出国对现有机制不满意，想"换个活法"，采取不同的方式发展双边关系。退出也是一种表达不满的政策，双边关系仍然是斗而不破。因此主导国基本采取"退出"仍不伤感情、保持双边层面合作这种方式。

（4）从长远来看，退出是维护组织体制正常运转和新陈代谢的一部分。联盟或组织是搞利益协调的平台，总体利益难以协调一致的时候，利益无法融合，选择离开和退出是缓解矛盾的一种方式。待某个时期利益得到妥善解决，也可以适时返回。

（三）"退出"事件提醒中国—中东欧国家合作要提质增效

基于历史经验和现实分析，波罗的海部分国家提出"退出"诉求客观上反映出合作已经存在问题，需要认真对待，及时弥补。

1. 多边促双边效应有一定时限

推动相关国家参与务实合作，如果合作成果落地不均衡，短期内会刺激落后者积极跟进，时间长了，效应递减，加速落后者被边缘化，容易产生更多不满。因此，在推动合作上，还需要适度平衡发展，争取落地成果的多样化和区域多元性。对于"双边+多边"合作来说，双边仍然是实质性的，多边带动双边的效应某种程度上是有限的，双边有时候会影响到多边发展的质量。

2. 大国关系效应是长期的

需要以解决大国关系为突破口，大国关系出现问题，作为地缘政治夹缝中的小国一定会出现政策摇摆，这是常态。要充分考虑到中美博弈对小国的长期性影响，力求从中美关系转圜中寻找新的突破口。

3. 对合作要保持一种好心态

小国退出也是一种政策，有助于以退为进，也有助于获取利益。进进出出也是国际合作的常态，决策者在心态上不必大惊小怪。退出也是有代价和成本的，部分国家的退出短时间看会有一定的收益，但在国际合作的大潮流下，退出的问题也会逐渐显现，中国对此应该抱有一定的信心，积极采取措施，推动合作提质增效，巩固现有合作基本盘，在一定程度上调整合作思路，则合作前景依旧会是光明的。

三 对中东欧国家属性的分析

对中东欧国家的国家属性做出分析，有助于深刻认识中东欧国家的合作政策变化，把握一些基本判断。

中东欧国家是小国集中地，但也存在一些中等强国。从人口和领土规模看，波兰和罗马尼亚是典型的中等国家，而历史上曾经辉煌过的匈牙利、塞尔维亚等国，也有追求中等强国的雄心，因为其在历史上也是帝国或联盟的一部分，有利用历史纽带来重塑国家发展身份的客观诉求。小国可以分为几种：地理小国、区域小国、周边小国、世界小国、相对性的小国、物质面的小国和经济意义上的小国等。若以人口少于1000万为小国定义，目前联合国的193个成员国中，有105个属于小国。而这些国家在联合国会议上，一国一票，占了大多数的票数。依据不同的分法，曾被列举为中等强国的

◆ 第六章　前景分析：中国—中东欧国家合作展望 ◆

欧洲国家有：奥地利、比利时、捷克①、丹麦、芬兰、希腊②、匈牙利③、爱尔兰、荷兰、挪威、波兰④、葡萄牙、罗马尼亚⑤、西班牙、瑞典、瑞士、乌克兰。⑥ 在中国—中东欧国家合作框架下，共有五个国家是中等强国身份，波兰、罗马尼亚、匈牙利、捷克和希腊。在这些中等强国中，波兰的内政和外交是非常值得关注的，尤其在欧盟内部日益展示出追求大国地位的气象。英国退出欧盟后，波兰作为潜在中等强国力量凸显。2014年克里米亚事件后，以提出"三海倡议"（亚得里亚海、黑海和波罗的海）为标志，波兰开始积极寻求在东

---

① Ladislav Cabada, "The New International Role of Small (er) States", *The Journal of the Central European Political Science Association*, Vol. 1, No. 1, 2005, pp. 30 – 45; The Hague Center for Strategic Studies, "A Balancing Act: The Role of Middle Powers in Contemporary Diplomacy", Archived from the original on 10 June 2020; Ravenhill John, "Cycles of middle power activism: Constraint and Choice in Australian and Canadian foreign policies", *Australian Journal of International Affairs*, Vol. 52, No. 3, 1998, pp. 309 – 327.

② Thanos Veremēs, *The Military in Greek Politics*, Black Rose Books, 1997.

③ R. A. Higgott, A. F. Cooper, *Middle Power Leadership and Coalition Building: Australia, the Cairns Group, and the Uruguay Round of trade Negotiations*, Cambridge University Press, 22 May 2009.

④ Joshua Spero, *Bridging the European Divide*, Rowman & Littlefield, 2004, p. 206.

⑤ The Hague Center for Strategic Studies, "A Balancing Act: The Role of Middle Powers in Contemporary Diplomacy", Archived from the original on 10 June 2020.

⑥ https://en.wikipedia.org/wiki/Middle_power#cite_note-Rudd-1.

欧确立能源、政治和安全影响力。面对美国战略重点的转移和收缩,波兰开始重拾自主的东向战略,不再单纯借助跨大西洋安全组织而是"靠自己的力量"在布格河(波兰、白俄罗斯、乌克兰三国界河)以东建立影响力。2020年7月,波兰、立陶宛和乌克兰三国建立"卢布林三角"地区合作机制。2021年12月21日,"卢布林三角"举行首次元首峰会,在俄乌边境对峙、白波边境难民问题上相互声援。[①] 2022年俄乌冲突爆发后,以波兰为代表的波罗的海国家,主动协调,积极推动整个欧洲发起对俄的制裁、反制行动,推动了欧洲政治生态的"中东欧化"。

从大部分中东欧国家外交传统和一系列行为表现看,通常具有下列三个基本特点。

首先是利益优先。大国和小国外交具有最大相似性的地方就是,对国家和民族利益的追求是首要的基本诉求。部分小国对国家利益的追求有时也被贴上"短视"的标签,缺乏较为长远的战略政策以及战略稳定性,往往一个新政党上台,外交政策就会发生翻

---

① 康杰:《霸权之后的"新中间地带"》,《文化纵横》2022年第1期。

第六章 前景分析：中国—中东欧国家合作展望

天覆地的变化，不会像成熟大国外交具有一定的可预见性，会综合考虑短期利益和长期利益、经济利益和政治利益、综合利益和局部利益的平衡。比如立陶宛在台湾问题上踩踏中国红线，波罗的海三国退出中国—中东欧国家合作等。当然也不排除一些中小国家的内政外交变化有着具体的背景使然。如波兰、匈牙利在法律问题上同欧盟进行抗争，以寻求本民族自主利益等。波兰和匈牙利的政策选择并非短视行为，而是转型性国家在融入欧盟进程中所形成的不适应症，或在平衡国家利益和欧盟利益之间出现了明显的矛盾情况。

其次是灵活外交。部分中东欧小国外交具有较大的灵活性，也具有一定的投机性。所谓"船小好掉头"，小国外交的优势或特点就是根据局势变化明断取舍，快速调整。同时，受制于大国的压力以及实际力量的弱小，必须从夹缝中寻求生存，小国外交通常展示出八面玲珑、左右逢源的特点。在大国竞争新周期中，往往会看重博弈双方的此消彼长，外交也跟着"见风使舵"。因此，对于小国这种外交的调整，还是要以一定的战略耐心来应对变化的不确定性。但不容忽视的是，一些小国可能会因为灵活性外交的投机性增强而将国家本身置于较大风险当中，因为它本身对国际形势的判断是有局限性的，对大国政策的预判也并非能够做到万无一失。更有极端情况是明知问题比较严重，但投机和侥幸心理占据上风，试图通过打擦边球、走模糊路线或搞隐蔽、民间外交等获取实际收益。有时通过出格言论或者意想不到的外交转变来为本国或本党派甚至个人谋取利益。比如，立陶宛在涉华问题上的激进转变和言论上的出格举动，均使双方关系受到冲击。而毋庸置疑的是，一旦新的党派执政后，就会综合考虑政策转变的利益得失而做出调整，从而推动双边关系的缓和。因此，大国在应对同小国关系上，保持一定的战略耐心。

最后是主动有为。尽管身处地缘政治敏感地带，但中东欧中小国家也看到了自身的空间，它们愿意随势主动有为，而不愿作为大国博弈的静默者乃至牺牲品。其中波兰作为中等强国所显示出的外交主动性值得关注和借鉴。波兰不仅是中国—中东欧国家合作的发起国，而且在欧亚大陆地缘政治持续变动背景下，在与其安全利益攸关的背景下，不断调整其外交政策。由中欧四国组成的维谢格拉德集团就是主动有为的结果。俄乌危机中的波罗的海三国，也表现出一定的政策主动性。由巴尔干国家组成的"开放巴尔干"倡议，也是主动有为的体现。

四 中国—中东欧国家合作的未来发展展望

中东欧国家内政和外交政策的地缘政治化会随着俄乌冲突进程的变化而演变。如果俄乌冲突陷入长期化，将会对中国—中东欧国家合作持续发挥负面影响并可能产生外溢效应。从目前看，冲突长期化和复杂化的趋势明显，中国—中东欧国家合作在危机下行走的模式会持续一段时间，必须让合作先活下来，再探讨活得好的问题。在这一问题上并非没有转圜的空间，希望主要是基于对欧洲政治生态长期观察基础上所形成的结论，即政治生态的转换问题。当前俄乌冲突推动反俄派政治力量获得执政合法性，但反俄的情绪政治并不具有可持续性，反而使欧洲国家陷入困境。随着通胀、物价持续上涨和生活窘迫，能源和安全政策掏空国家发展潜力从而使外交逐渐反噬内政，百姓上街、民粹力量卷土重来，政府重组的可能性大增。需要注意的是，中东欧国家较为多元，在一些议题领域仍存在分歧。塞尔维亚、匈牙利等对欧洲的"去俄化"政策持保留态度。中东欧国家对俄政策的发力者主要集中在危机的前沿国家如波兰、捷克、罗马尼亚和波罗的海国家等。俄乌冲突总会得到解决，届时欧洲大国必然重新思考和定位与俄的关系。俄罗斯是欧洲搬不走的邻居，无视俄罗斯存在而做出安全安排注定是不现实的。在这一点上，欧洲传统大国势必会采取促进和平重启、推动新版的欧洲政治进程和强化欧洲战略自主等办法，重新掌握话语权，使得欧洲政治生态重回"欧洲化"的发展趋势当中。欧洲朝着更具凝聚力、更具包容性以及更快恢复经济发展的和平主义路线符合绝大多数欧洲人和政党的利益。

在此背景下，中国应保持战略耐心，在中东欧国家亟须在战后发展经济、改善民生的情况下，主动推进务实合作项目，努力抓住中国—中东欧国家合作的下一个发展机遇期。在关键议题上仍然需要坚持去政治化、去安全化，在充分理解中东欧国家安全关切的基础上发展相互尊重、互利共赢的合作关系。

第六章 前景分析：中国—中东欧国家合作展望

（一）灵活、高效地推进各领域务实合作

高质量推进中国—中东欧国家合作本质是高质量推进各领域务实合作。欧洲政治生态及地缘安全环境变化导致中国与中东欧国家关系处于困难期，强推合作意味着较大的风险。因此，需要中国与时俱进，适度调整合作策略，对合作基本内容不求面面俱到，适当压缩合作规模，做好贸易、投资、农业、旅游、智库、高等教育等专业性合作平台，裁汰不活跃、长期无成果的合作平台。领导人会晤依据成果落地情况不定期召开，重点推动有合作和对话潜力领域的部长级会议。短期内，中国宜深化贸易投资、互联互通、绿色创新等领域务实合作，不追求"大项目""旗舰项目"，可考虑多搞一些小而美、见效快、收益好的项目，为促进当地就业和经济发展发挥积极作用。

（二）筑牢企业在中东欧投资根基，优化投资布局

中国各类企业是直接参与在中东欧地区务实合作的重要行为体，因此企业在中东欧地区项目投资、经营活动中应遵循以下原则：一是企业将信誉放在第一

位,"言必信,行必果"。企业在决定投资之前要做充分论证,将细节做扎实。二是企业加快推进实施"本地化"策略。目前,中东欧对中国企业在当地投资项目的批评之一,是过于依赖自有资金、技术和人力,当地民众和市场获益不明显。"本地化"是企业深耕当地市场的重要策略,也是拓展在中东欧影响力的重要方式。三是中国各省份、企业宜加强协调,争取全国一盘棋。中国各省市在中东欧的投资布局仍未得到很好的统筹,各自为政的情况仍比较明显,甚至企业间还存在无序竞争问题。遍布中东欧各地的商会要发挥好联络作用。做好国外合作伙伴机构的联络工作,整合形成系统化的决策体系和科学化的工作体系,集成各个元素发挥各自作用。

(三) 把握好具有战略性潜力的投资领域合作

欧洲正积极推进"绿色新政",聚焦绿色能源和数字化转型,积极应对气候变化。中国企业应抓住机遇,推动在清洁能源、绿色能源和数字领域投资。这样既可以满足欧洲国家的转型需要,得到一定的政策鼓励和支持,也能适度降低海外投资安全风险。中国企业与中东欧国家可在开发下一代能源技术、融资支持能源创新项目等方面开展合作。有欧洲智库专家建议中国或欧洲联手举办能源会议，就欧洲应对此次能源危机的经验、教训和推进中欧能源合作进行交流总结。此外，中国当前光伏产品在欧洲热销的原因主要在于成本优势，但未来的竞争将不限于成本。无论是美国的涉疆法案还是欧盟的绿色门槛，都对中国光伏产业发展提出了更大挑战，光伏产业要坚持供应链多元化、低碳化，同时提升产品技术竞争力。

（四）将合作重心"下沉"，统筹协调好地方合作

地方合作是将合作重心"下沉"的主要抓手，需要重视地方合作，将经贸、投资、人文等合作更多地下沉到中东欧国家省州一级。目前，浙江、河北、山东、四川等省份、地方企业参与合作的积极性较高，应充分鼓励并辅以政策支持。中国各省市在中东欧的投资布局尚未得到很好的统筹，各自为政的情况较明显。为此，应系统摸清各地方在中东欧国家的现存和潜在合作资源，包括各类侨商会、联络处、产业园、

物流园、海外仓、跨境电商平台等，围绕产业链、供应链进行整合提升，打造贸易投资的境外主平台、主渠道和主力军，形成线上线下融合、境内境外一体的工作体系。

中央层面应着力推进信息交流平台建设，相关部委进一步完善与中东欧国家商品认证体系和标准互认体系，并有针对性地推进准入工作，如加快中东欧国家食品农产品准入进程、开辟中东欧国家商品进口查验绿色通道、简化跨境电商进口商品防伪追溯方式等，为中东欧产品进一步拓宽通关渠道。通过上述工作为开展与中东欧地方合作营造良好的信息平台和政策环境。

结语　对区域国别研究的思考

2022年是中国—中东欧国家合作十周年，笔者十年参与合作研究的心路历程终于形成了一本成果。在合作启动之前，笔者长期从事东南欧（更详细地说是西巴尔干）区域问题研究，该领域研究在中国缺乏关注且研究工作相对枯燥。2007年笔者有留学到德国的机会，遂对该区域每个国家进行了系统的国别研究，同时也做了综合性的区域研究，最终在2014年完成一本专著《国家构建的"欧洲方式"——欧盟对西巴尔干政策研究（1991—2014）》。中国—中东欧国家合作启动后，笔者将大量精力放在赴中东欧国家调研和交流上。中东欧国家作为中国外交经略的一个区域，其成就、经验和问题无疑是十分值得借取的，也蕴含着笔者对区域国别研究的心路历程。这样一种心路历程恰好伴随着区域国别学的诞生，因而，也借此机会谈谈对区域国别学研究发展路径的看法。

2022年9月区域国别学作为交叉学科下的一级学科被教育部正式确认，这对从事中东欧区域研究的学者来说是值得庆贺的事情。但区域国别学的升级并非学术研究水到渠成的结果，而是国家政策实际需要驱动的结果。所以在一级学科设立后，在如何做好学科建设上还有很多问题没有厘清，需要进一步研究探索。2022年12月10日，首届"中国区域国别学50人论坛"举行[①]，论坛聚焦"中国区域国别学理论创新路在何方"。北京大学区域国别研究院院长钱乘旦教授与中国社会科学院学部委员张蕴岭就区域国别学研究未来发展之路发表了各自看法。

钱乘旦教授认为，中国区域国别学寻求理论创新的动机很好，但需要认真考虑区域国别学的独特性质——它是一门实践的学科，是一门要动手、寻访和实际调研的学科，而不是一个思辨的学科。主要任务

[①] 笔者有幸受邀参加此次论坛，并做了《中国对外区域合作外交中的理路探索："双边+多边"理论》发言。

结语　对区域国别研究的思考

是要到当地调研、生活，下沉到当地社会。第二次世界大战后，区域学的发展情况就说明了这一点。美国在区域国别研究方面做了大量探索，积累了丰富的经验和教训。区域研究在美刚刚起步时，特别强调实践性，推崇实证主义研究，取得了很大的成功。后来美国的区域国别研究出现"转向"——政治学转向，把美国的区域国别研究带到了轻实践重普世主义的道路上，尽管并非所有的人都采取这种研究路径。这种转向导致相当一部分在该领域工作的学者认为，整个世界存在着放之四海而皆准的普世原则，按照当代西方学科学术变化的趋势，认为文科的研究可以用理科的方式来解决，做一个模型，用一些公式去推算，很多问题通过计算就可以得出结论。在美国甚至有一些学者认为，既然可以在电脑上用公式、模型和数据来推出一些固定的结论，就不用到当地去调研，在实验室就可以完成。这种转向对该学科发展是不利的。至少在该学科刚刚起步的时候，应该向实践性方向去引导。每个国家都是特殊的，在某些基础上可以找出一些共性，但共性不是很多，在对世界上所有国家都了解的基础上，才会总结出结论。钱教授强调，当前的区域国别研究重点应放在各个地区、各个国家来加以讨论，从每个国家个性研究入手，而不是从预设共性入手。

张蕴岭教授则认为，区域国别学应该重视理论构建问题。区域国别学研究具有很强的理论性，需要一定的方法论。如何认识区域、认识国家，作为一门学问还是要有一个理论体系的构建。实践是客观存在，如何认识需要有方法理论，构建区域国别学理论体系要有自己的方法论、自己的经典理论，当然可能不是一步到位的。人们对区域国别研究的大量了解是通过非实践性的，因为资源、精力和时间有限，不可能到当地去看，比如一个国家的历史，主要是通过读书来获取知识。研究和认识区域国别问题，不同国家有不同的方法，中国看世界就和美国不一样，和欧洲不一样，这种视角和方法有着很复杂的因素，比如国情、战略、思想文化基础等。从现在开始，就要推动理论构建。张蕴岭教授还探讨学科建设中的人才培养问题，培养学生了解国情很重要，但学者可以通过自学获得知识，最重要的是要告诉学生方法，教他们去怎么认识这个问题。培养人才没有基础理论，没有综合

◆ 结语 对区域国别研究的思考 ◆

交叉融合的理论，就会变成一个拼盘，政治学、经济学、社会学等会攻城略地，最后形成不了综合的区域国别学观察的方法，永远处在一个比较散的状态。

笔者基于对中国—中东欧国家合作研究的实际参与认为，区域国别学研究应该是实践先行，在实践基础上形成一定的理论和方法。就笔者个人的区域国别学研究经历看，应先将实践放在首位，在充分了解所涉及区域国别的具体情况之后，再沉下心来，思考一些理论和方法问题。钱乘旦教授的说法更为直接明确一些，说的是近景和当务之急的大事是什么。钱乘旦教授坚持把区域国别学研究发展成一门实践之学，这与中国史学和史家治学传统一脉相承。而张蕴岭教授更为关注区域国别学研究作为一门学科建设所应具备的理论和方法研究导向，坚持基础和应用研究均不能偏废，尤其是基础研究，在建设一门学科方面具有重要作用。一门学科不能关起门来建设，还要注意它的理性思维、客观现实研究，这也是张蕴岭教授倡导的基础理论和基本方法问题。两者之间唯有相互补充、相互促进，才会相得益彰。但需要认识到，没有对具体区域国别的长期深耕，很难有对该区域的直观了解和理论升华，也就很难提出一系列新理论和新方法了。

一门学科的发展如果不同国家发展和民族命运关联起来，注定会没有生命力，也就是说它首先必须是一门"管用"之学。这也符合中国文人的治学传统——经世致用。就区域国别学研究来说，也是如此。区域国别学研究必须坚持学会如何走出去，克服困难，在现场做出调研，这也是笔者在文章最后一章明确列出在中东欧开展具体调研的情况，也是强调实践永远是第一位的。

当然，在实践研究中，也要逐渐形成自身观察问题的理论和方法，包括对区域国别政策本身的创新性研究，对政策工具和平台的科学评估从而提出管用的政策建议。因此，区域国别学研究也需要有一个过程，首先是要"动"起来，然后是"想"起来，最好的理论指南也是实践论，在综合前期研究积累基础上，做出方法和理论的创新。

当前的中东欧研究，也要充分服务于新时期中国的国家发展战略，服务于"一带一路"建设。着力解决中国发展过程中一些挑战性、战略性问题，要充分

◆ 结语 对区域国别研究的思考 ◆

认识到与国家安全学（如何统筹好发展和安全问题）和中国式现代化建设（中华民族伟大复兴的重要抓手）的研究有机结合。

需要补充的是，对区域国别学研究平台的搭建或者是学术共同体的建设问题要高度重视。这也对该学科的发展举足轻重，在中国和中东欧国家合作初期，中国社会科学院就积极致力于相关研究，同时也积极搭建国际性合作平台，也就是中国—中东欧国家智库交流与合作网络，使其成为政府、学界、国内和国外相互交流的一个平台，并且加强同政府的互动，为政府制定政策提供可靠的咨询建议。如果忽视学术共同体建设，缺乏必要的学科发展的学术生态，提供更多讨论和思辩的空间，这门学科也很快就会夭折，难以形成影响力。

区域和国别研究是两个问题，这个一开始就要分清，但也不要尝试将其彻底孤立开，而是要有机衔接。所谓国别研究区域化、区域研究国别化，正是题中应有之义。任何一个国家的存在，都离不开赖以生存的地理区域，任何一个区域均由国家组成，这就是问题的"一体两面"，对国家的研究不应完全脱离其区域，而对区域的研究更不能脱离对国家的深入研究。因此，在中国—中东欧国家合作研究中，笔者就有深刻的体会，并在此基础上提出"双边+多边"理论，这一理论不但适用于中国—中东欧国家合作，也适用于中国所有其他区域的合作研究。

在区域国别学研究中，有很多理论对笔者产生过影响，但都要与时俱进，而不能一成不变。就这项研究而言，有两种影响方式一直存在，既需要我们去传承和发展，也需要更大的勇气革新。比如区域研究中地理因素的影响，国别研究中民族国家研究长期占据国际政治、国际关系理论高地问题。

形形色色的中东欧国家，在其外交政策中，从天然的地缘政治思维看问题，概因其地理位置所影响，我们不太喜欢地缘政治化，但在中东欧国家比较普遍，比如就"一带一路"倡议来说，中国坚持其是一项和平和发展倡议，但即使友好国家如塞尔维亚，也不可避免地从地缘政治角度解读其含义。随着大国博弈的加深，中东欧的地缘政治化思维再度得到强化，从而对国际关系和中国—中东欧国家合作产生长远而深刻的影响。

◆ 结语 对区域国别研究的思考 ◆

地理因素的恒久影响，中国学人有着比较早的关注，有过许多研究成果。早在1901年，梁启超就在《中国史叙论》中指出："地理与历史，最有密切之关系，是读史者所最当留意也。高原适于牧业，平原适于农业，海滨河渠适于商业。寒带之民，擅长战争；温带之民，能生文明。凡此皆地理历史之公例也。"[1] 钱穆先生也有与梁启超相似的论述，他说，人类文化不外乎有三种类型：一是游牧文化，二是农耕文化，三是商业文化。游牧文化发生在高寒地带，农耕文化发源在河流灌溉的平原，商业文化发源在滨海地带以及近海之岛屿。三种自然环境，决定了三种生活方式；三种生活方式，形成了三种文化类型。[2] 因此，研究区域国别，自然地理应该是第一课，地理因素的影响是国家赖以存在和发展的重要前提。当然，地理环境的影响在很多时候是相对的，尤其在科技发展的今天，人类科技水平克服了地理和交通的障碍，弱化了地理影响，但地理对人类行为、心理和文化的

---

[1] 梁启超：《中国历史研究法》，吉林出版集团有限责任公司2016年版，第137页。
[2] 何兹全：《中国文化六讲》，北京出版集团公司、北京出版社2018年版，第1页。

影响是恒久存在的,所谓"一方水土养一方人",就是这个道理。地理之外,就是要研究其历史和文化,这是一个国家得以发展和成长的基因,是深度了解民族性格和品格的重要方面,做不到此就会有一叶障目不见泰山之虞。

区域国别研究中另外一个不容忽视的是民族国家的作用和角色。民族国家在欧洲发达国家的现代化进程中发挥着重要作用,为欧洲从中世纪的落后者到现代社会的引领者发挥举足轻重的作用。作为一种国家形态,中国并非欧洲意义上的民族国家,而是多民族融合和大一统国家,因此对这个概念印象并不深刻。中国的区域国别学研究就是要尊重民族国家的发展形态,也要跳出这个发展形态,充分认识到其优势和不足,努力寻找人类文明发展的新形态。

欧洲现代化的重要驱动主体是以专制王权为标志的民族国家的形成,构成了欧洲制度建设的关键一步。民族国家建设主要把统辖范围内的人民捏合在一起,让它们形成一个"民族"。这个民族在同一个政府的统治下经历各种事件,培养起相同的情感,形成共同的身份认同。以民族为支撑的国家把自己的疆界封闭起

◆ 结语 对区域国别研究的思考 ◆

来,致力于自身的发展。① 民族国家为培养民族意识、推动工业化和商业探险行为等发挥重要作用。民族国家的出现是现代化的起点,也是现代化的载体,经济的快速发展与社会的根本转型都是从这里开始的。民族国家在两次工业革命的推动下获得极大发展。第一次工业革命的爆发在助推产业发展和经济社会发展的同时,也增强了民族国家的发展动能和民族自豪感,激发了它们的扩张欲望,开始诉诸战争来攫取实际利益。以民族国家和工业革命为主导的现代化一开始就呈现出两面性,一方面民族国家在推动工业革命上发挥了积极作用,另一方面展示了弱肉强食的贪婪本性,将掠夺领土、资源、财富等战争方式作为发展的主要手段之一,使得欧洲现代化充满了战争和血腥掠夺,终成人类发展的魔咒。第二次世界大战结束后,欧洲对民族国家这一重要载体进行了规范,努力解决欧洲民族国家之间的无政府状态困境问题,欧洲出现一体化的浪潮,尝试建立超国家机制。民族国家发展和合作进入全新形态当中,也开启了人类社会前所未有的

---

① 钱乘旦总主编:《世界现代化历程》总论卷,江苏人民出版社2010年版,第180页。

高度制度化的区域合作尝试，开始分享部分主权，遏制战争爆发的潜在因子。然而，正当欧洲人认为已经将民族国家的邪恶本性关到合作的笼子里的时候，20世纪80年代开始，民族国家经历了再强化的过程，民族主义和民粹主义思潮开始泛滥。自由主义全球化的过度发展导致国家功能隐退，而当全球治理状况恶化时，国家的重要性再度凸显，成为各国社会谋求自我体系安全的唯一"阀门"，民族主义、保护主义思潮亦大行其道。[1] 在欧洲一体化进程中，尽管在经贸、人员流动等领域共享主权已经高度制度化，但在涉及国家重要利益的内政和外交领域，政府间主义再度复兴，冲击了欧盟的团结和统一。因此，在如何处理民族国家问题上，欧洲的答案可能不是终极的，需要一些新的、与时俱进的探索方案。民族国家在人类历史发展道路上，是需要进一步调教还是被彻底革新，这是人类面临的一个重要选择。

西方由民族国家主导的文明形态促进了世界的发展，但也不断显示其自身无法克服的弊端。欧洲试图

---

[1] 吴白乙、张一飞：《全球治理困境与国家"再现"的最终逻辑》，《学术月刊》2021年第1期。

◆ 结语 对区域国别研究的思考 ◆

探寻一种超越民族国家的人类文明发展新形态，但已经遭遇明显挫折。在国家与国家关系上，利益至上、强权为王、唯我为先、唯我独尊的观念曾经给世界许多民族和国家带去剥削和压迫，近年来又快速复兴，其对生命和世界秩序的毁坏程度还难以估量。西方主导的文明形态在呈现出历史的优越性之后，也在内部积累了深刻的矛盾和破坏力量，并将此外溢到其对外关系中，波及世界秩序，已有的西方主导的世界秩序正变得日益不稳，日益成为和平与发展的破坏能量。因此，中国倡导的共同体意识会成为解决民族国家劣根性的一个很好的方案。中国的发展不仅着眼于本国，而且关注人类前途命运，其方案就是构建人类命运共同体，实现共赢共享。没有任何一种文明能够凭借一己之力谋求自身的绝对繁荣，独守文明"安全的孤岛"，只会给人类文明带来难以估量的灾难。因此，尊重人类文明的多样性，倡导文明交流互鉴，进而实现共同繁荣，才有可能建立"真正的共同体"。[①]

[①] 姜锋：《世界又一次站在"十字路口"，中国创造的这一文明新形态能提供什么?》，2022年12月26日，https://export.shobserver.com/baijiahao/html/565235.html。

中国的区域国别研究任重道远,要在区域和国别的历史地理发展中、要在对民族国家发展的超越中寻找新的范式和新的方向——人类命运共同体终将会成为一种选择,也非常值得期待。笔者的中国—中东欧国家合作研究,希望能为这个新兴学科的发展提供一定的参考。

参考文献

经典著作或文选

《毛泽东选集》第 3 卷，人民出版社 1991 年版。

《毛泽东文集》第 5 卷，人民出版社 1996 年版。

《邓小平文选》第 2 卷，人民出版社 1994 年版。

《陈云文选》第 3 卷，人民出版社 1995 年版。

中共中央宣传部、中华人民共和国外交部：《习近平外交思想学习纲要》，人民出版社、学习出版社 2021 年版。

毛泽东：《实践论：论认识和实践的关系——知和行的关系》，解放社 1951 年版。

一般著作或译著

黄平、刘作奎等：《中国—中东欧国家（16 + 1）合作五年成就报告：2012—2017年》，社会科学文献出版社2018年版。

刘作奎：《欧洲与"一带一路"倡议：回应与风险（2015、2016、2019）》（中英文版），中国社会科学出版社2015、2016、2019年版。

刘作奎主编：《俄乌冲突对欧洲影响研究》，中国社会科学出版社2023年版。

孙旭编著：《马克思主义的知行观：〈实践论〉解读》，现代出版社2016年版。

王在亮：《改革开放以来中国区域合作理论研究》，中国社会科学出版社2016年版。

吴白乙、霍玉珍、刘作奎主编：《中国—中东欧国家合作进展与评估报告（2012—2020）》，中国社会科学出版社2020年版。

张岱年、程宜山：《中国文化精神》，北京大学出版社2022年版。

张茗：《摇晃的钟摆：欧盟—美国关系研究》，上海社会科学院出版社2018年版。

张翔：《改革进程中的政府部门间协调机制》，社会科学文献出版社2014年版。

张蕴岭主编：《国际区域学概论》，山东大学出版社2022年版。

郑永廷：《人的现代化理论与实践》，人民出版社2006年版。

中国—中东欧国家合作秘书处：《中国—中东欧国家合作十年》，2022年12月。

［法］阿尔弗雷德·格罗塞：《战后欧美关系》，刘其中等译，上海译文出版社1986年版。

［美］牟复礼（Frederick W. Mote）：《中国思想之渊源》，王重阳译，北京大学出版社2009年版。

［英］E. H. 卡尔：《二十年危机1919—1939：国际关系研究导论》，秦亚青译，商务印书馆2021年版。

［英］李约瑟：《中国科学技术史》第1卷，袁翰青等译，科学出版社2018年版。

中文学术论文

樊勇明：《从国际公共产品到区域性公共产品——区域合作理论的新增长点》，《世界经济与政治》2010年第1期。

樊勇明：《区域性国际公共产品——解析区域合作的

另一个理论视点》，《世界经济与政治》2008 年第 1 期。

扈大威、房乐宪：《中国与中东欧国家次区域整体合作：中欧关系的新亮点》，《教学与研究》2018 年第 3 期。

扈大威：《中国整体合作外交评析——兼谈中国—中东欧国家合作》，《国际问题研究》2015 年第 6 期。

康杰：《霸权之后的"新中间地带"》，《文化纵横》2022 年第 1 期。

李向阳：《"一带一路"：区域主义还是多边主义？》，《世界经济与政治》2018 年第 3 期。

李依琳：《从"林达尔均衡"看全球性公共产品供给困境及对策》，《学习月刊》2011 年第 6 期。

李志永：《政策自主性与美国退群外交》，《世界经济与政治》2022 年第 4 期。

刘作奎：《"双边＋多边"理论：对中国—中东欧国家合作的新探索》，《中共中央党校（国家行政学院）学报》2022 年第 2 期。

刘作奎：《新形势下中国对中东欧国家投资问题分析》，《国际问题研究》2013 年第 1 期。

参考文献

刘作奎：《中国—中东欧国家合作的发展历程和前景》，《当代世界》2020年第4期。

苏长和：《中国地方政府与次区域合作：动力、行为及机制》，《世界经济与政治》2010年第5期。

徐刚：《改革开放40年来的中国（中）东欧研究：基于学科建设的初步思考》，《俄罗斯东欧中亚研究》2020年第1期。

于军：《中国—中东欧国家合作机制现状与完善路径》，《国际问题研究》2015年第2期。

赵可金：《嵌入式外交：对中国城市外交的一种理论解释》，《世界经济与政治》2014年第11期。

中国现代国际关系研究所中东欧课题组：《中国对中东欧国家政策研究报告》，《现代国际关系》2003年第11期。

朱晓中、徐刚：《1949年以来的中国与（中）东欧关系》，载北京大学国际战略研究院编《中国国际战略评论2019（上）》，世界知识出版社2019年版。

朱晓中：《中国中东欧研究的几个问题》，《国际政治研究》2016年第5期。

英文著作

Dihomir Domazet, "New Growth Theory: Specially by Small and Open Economies, Manuscript", April, 2019.

Fred Bergsten, "Open Regionalism", *The World Economy*, 20, August, 1997.

Inge Kaul, Pedro Conceicao, Katell Le Goulven, Ronald Mendoza edited, *Providing Global Public Goods: Managing Globalization*, Oxford: Oxford University Press, 2003.

Joshua Spero, *Bridging the European Divide*, Rowman & Littlefield, 2004.

R. A. Higgott, A. F. Cooper, *Middle Power Leadership and Coalition Building: Australia, the Cairns Group, and the Uruguay Round of trade negotiations*, Cambridge University Press, 22 May 2009.

Thanos Veremēs, *The Military in Greek Politics*, Black Rose Books, 1997.

英文学术论文或官方文献

Agatha Kratz, Janka Oertel and Charlie Vest, "Circuit Breakers: Securing Europe's Green Energy Supply Cains", ECFR, 11 May, 2022, https://ecfr.eu/publication/circuit-breakers-securing-europes-green-energy-supply-chains/.

European Commission, "Joint Communication to the European Parliament, the Council, the European Economic and Social Committee, the Committee of the Regions and the European Investment Bank, The Global Gateway", Brussels, 1.12.2021, JOIN(2021),30 final, https://ec.europa.eu/info/sites/default/files/joint_communication_global_gateway.pdf.

European Commission, "Joint Communication to the European Parliament, the Council, the European Economic and Social Committee, the Committee: Of the Regions and the European Investment Bank: Connecting Europe and Asia-Building Blocks for an EU Strategy", Brussels, September 19, 2018, JOIN (2018) 31 final.

Ivo Duchacek, "Perforated Sovereignties: Towards a Typology of New Actors in International Relations", in Hans Michelmann and Panayotis Soldatos eds., *Federalism and International Relations: The Role of Subnational Units*, Oxford: Clarendon Press, 1990.

Jr. Mancur Olson, Richard Zeckhauser, "An Economic Theory of Alliances", *The Review of Economics and Statistics*, Vol. 48, No. 3, 1966.

Ladislav Cabada, "The New International Role of Small (er) States", *The Journal of the Central European Political Science Association*, Nol. 1, Vol. 1, 2005.

Ravenhill John, "Cycles of middle power activism: Constraint and Choice in Australian and Canadian foreign Policies", *Australian Journal of International Affairs*, Vol. 52, No. 3, 1998.

Rhodium Group, "Green energy and China: How to avoid new dependencies?" ECFR, 12 May 2022, https://ecfr.eu/event/green-energy-and-china-how-to-avoid-new-dependencies/.

The Hague Center for Strategic Studies, "A Balancing

◆ 参考文献 ◆

Act: The Role of Middle Powers in Contemporary Diplomacy", Archived from the original on 10 June 2020.

Vladimir Shopov, "From 5G hardware to apps and data: How Huawei has a Dapted to Survive", ECFR, 22 December, 2022, https://ecfr.eu/article/from-5g-hardware-to-apps-and-data-how-huawei-has-adapted-to-survive/.

"Council Conclusion: A Globally Connected Europe", https://data.consilium.europa.eu/doc/document/ST-10629-2021-INIT/en/pdf.